JONATHAN SIKSOU

CAPITALE

LES ÉDITIONS DU CERF

www.editionsducerf.fr
24, rue des Tanneries
75013 Paris

ISBN : 978-2-204-14226-7

À ma grand-mère qui, de ce livre,
n'aura lu que le titre.

Tout s'anéantit, tout périt, tout passe.
Il n'y a que le monde qui reste.
Il n'y a que le temps qui dure.
Qu'il est vieux ce monde !
Je marche entre deux éternités.

DENIS DIDEROT.

Avant-propos

J'ai toujours préféré les appartements aux maisons. La reproduction de ces intérieurs suspendus, tous ces univers empilés facilitent, par leur proximité immédiate, la comparaison des différences, des disparates du monde et du chacun chez soi.

Et j'ai toujours considéré Paris comme un vaste appartement, avec ses salons en enfilade, ses antichambres, sa bibliothèque et ses longs couloirs qui mènent à des pièces dédaignées – Walter Benjamin estimait que « Paris est la grande salle de lecture d'une bibliothèque que traverse la Seine » ; l'idée est séduisante mais, si c'était vraiment le cas, cela réduirait considérablement le nombre de pièces.

Tout habitant d'appartement amené à se rendre chez un voisin, de pallier ou d'un autre étage, ne peut échapper à *l'apposition du calque*. La porte franchie, il tentera toujours, consciemment ou non – et d'un coup d'œil discret s'il n'y est pas invité –, de considérer cet espace étranger mais semblable au sien afin de le comparer à son chez lui. C'est l'apposition du calque.

Indépendamment des dégâts des eaux, cette observation-juxtaposition peut alimenter la vie sociale de la copropriété. Et vivre en bon voisinage avec Paris offre un exercice similaire, à une nuance près : cette ville est incomparable. Apposer son calque sur une autre ville n'aurait qu'un intérêt limité, si cela en avait un, et encore faudrait-il que ce soit possible, ce qui n'est pas le cas. L'observation-juxtaposition est en revanche infinie lorsqu'on appose au Paris actuel le Paris passé. On trouve alors dans son appartement des portes dérobées, on en ouvre d'autres que l'on croyait condamnées et l'on découvre de nouveaux couloirs, de nouvelles chambres et de nouveaux salons qui regorgent de vies et d'histoires, de souvenirs et de vestiges. Il ne reste qu'à se baisser, à fouiller, et à tenter de brosser, fort de ces trouvailles, le portrait d'une ville en creux, avec un double-fond.

Selon Émile de Labédollière, « qui veut écrire une histoire générale de Paris se trouve en face d'un obstacle difficile à vaincre ; il risque à chaque instant d'empiéter sur l'histoire générale de France. [...] Les destinées de la nation se sont si souvent débattues dans la capitale, que le récit des événements politiques se trouve enchevêtré avec le compte rendu du développement moral et matériel de Paris [...]. Que doit faire l'écrivain ? Il doit déblayer le terrain [...]. Il faut qu'il songe qu'il s'adresse à des lecteurs intelligents ; que l'histoire de France ne leur est pas étrangère ; qu'il peut dès lors sous-entendre ce qui est trop connu, soigner davantage les détails et marcher d'un pas plus ferme dans la voie spéciale qu'il s'est tracée. »

Précaution du temps. Avertissement

Certains des auteurs cités ont pu avoir, outre leurs mots singuliers et superbes sur Paris, des engagements idéologiques et politiques hors de propos dans cet ouvrage. Je m'en remets à l'entendement du lecteur.

INTRODUCTION

> Une civilisation qui commença par les cathédrales devait finir par l'hermétisme de la schizophrénie.
>
> E. Cioran,
> *Syllogismes de l'amertume.*

On rapporte que les gardes du château de Versailles eurent du mal à fermer certaines grilles, le 6 octobre 1789, quand le « peuple de Paris » vint chercher la famille royale pour la traîner aux Tuileries ; nombre d'entre elles n'avaient jamais tourné sur leurs gonds depuis leur installation sous le règne de Louis XIV. Elles n'étaient pas faites pour ça. La protection même du palais était une somptuosité de parade. Une belle offerte, voilà comment la couronne de France s'est toujours présentée et voilà comment un certain esprit français, non sans charme ni grandeur, s'est toujours perpétué. « Pauvre nation française !, écrit Horace de Viel Castel dans ses *Mémoires*, vaniteuse putain qui roule d'amours en amours, toujours désireuse de se farder pour le dernier venu. »

Nous pouvions penser que certaines images de Paris appartenaient au passé. Celles de la fin de l'année 2018 et des premiers mois de 2019 montrant une capitale disparaissant dans la fumée des incendies provoqués par des manifestants nous ont prouvé que le mauvais pastiche était à la portée de n'importe qui. Loin d'être une nouvelle Commune, cette démonstration de violences laissa cependant dans son sillage le goût du possible : celui de mettre à bas. Des quartiers que l'on croyait protégés par une sanctuarisation tacite devinrent le décor d'un chaos à répétition, et ce spectacle démontra la fragilité, la vulnérabilité de la ville. On eut beau la prévenir du danger imminent, elle fut prise de court ; comme si, même préparée, elle ne pouvait – ou ne voulait – s'y attendre.

Belle offerte, Paris n'était pas prête.

Et puis il y eut cette soirée de printemps. Premières douceurs dans le jour qui s'étire. Le long des quais de la Seine, les feuilles des arbres déjà vertes filtraient ce soleil qui, chaque soir, s'en va vers Chaillot.

Comme chaque soir, de mémoire d'homme, la silhouette de Notre-Dame veillait sur la ville, pesait de toute sa domination souveraine.

Ce qu'il s'est ensuite passé dans l'île de la Cité, ce soir du 15 avril 2019, est connu de tous. Les images de l'incendie ont été vues dans le monde entier. Les premières flammes léchant timidement le toit de la cathédrale, puis d'autres, plus fortes et plus nombreuses, avançant avec appétit vers la flèche pour la dévorer. Sous la puissance de leurs mâchoires, elle se brisa en deux et, c'est à l'abri des regards, dans la nef incandescente, qu'elles partagèrent leur festin avec une charpente de braises et du plomb fondu.

Ce soir-là, les flammes scrutées par des dizaines de milliers de témoins hébétés n'étaient pas celles de l'incendie de Notre-Dame, pas uniquement du moins. Elles étaient la manifestation de cette violence qui a toujours acté la fin d'un temps, la disparition de quelque chose… d'une civilisation, par exemple. Et l'effondrement de quelques millénaires en quelques heures demeure, quoi qu'on en pense, une rupture définitive.

Ou une renonciation ; celle du vœu de Louis XIII.

Aux premiers jours du mois de février 1638, Anne d'Autriche annonça à Louis XIII son époux qu'elle était enfin enceinte. Marié depuis 1615, ce roi qui s'illustrait par « un éloignement des femmes singulier de la part d'un fils d'Henri IV » estima que c'était un miracle qui se devait d'être célébré. Il négligea toute prudence face à une grossesse à l'issue incertaine qui pouvait en outre lui donner une fille et consacra, dès le 10 février, le royaume de France à la Vierge Marie. Cet édit, enregistré par le Parlement comme loi fondamentale, fut accompagné, à la demande du monarque, de l'instauration de processions dans tous les diocèses, chaque 15 août, lors de l'Assomption. Tel était son vœu. Il demanda également que cette consécration fût représentée dans le chœur de Notre-Dame de Paris et sollicita à cette fin peintres et sculpteurs. Obligé par tant de piété, le destin permit à la reine d'assurer ce pour quoi elle était sur le trône. Elle accoucha d'un enfant mâle, le 5 septembre 1638. Louis-Dieudonné, héritier-inespéré, fut couronné en 1643 et, devenu Louis XIV, régna jusqu'en 1715. Si l'invention de Versailles l'éloigna de nombreux chantiers parisiens, il n'oublia jamais que son père avait formellement souhaité que la naissance de son fils fût représentée dans le chœur de la cathédrale. Répondant au tableau de Philippe de Champaigne, *Notre-Dame de Pitié*, appelé plus tard *Le Vœu de Louis XIII*, peint en 1638, Coustou fit sortir du marbre, à partir de 1708, les silhouettes de Louis XIII et de la Vierge et, quelques années plus tard, celle de Louis XIV apparue sous le ciseau de Coysevox.

Des poutres incandescentes tombèrent au pied de ce maître-autel mais il fut épargné par l'incendie qui préserva jusqu'à la blancheur de sa pierre. Certains y virent un miracle.

VOIR DÉTRUIRE

On n'est jamais tranquille.

CHARLES IX.

Paris n'a jamais subi de bouleversements étrangers. Sa préoccupation essentielle fut toujours de mettre ses rues et ses faubourgs à l'abri des invasions ; aussi, au cours de son histoire, la capitale de France en connut-elle peu ; elle essuya autant de sièges et de bombardements ; et leurs conséquences ne furent jamais comparables aux dévastations qui dévisagèrent ou anéantirent ses cousines européennes. En grossissant le trait, ces agressions lointaines et circonscrites nous apparaissent, depuis notre confortable XXIe siècle, comme ces incidents naturels qui échelonnent la vie de chacun, comme ces chocs et accrocs qui écaillent toute vieille chose mal emballée.

Paris doit les changements importants de sa physionomie aux Parisiens, à personne d'autre ; et, s'ils purent sembler superflus, s'ils furent parfois brutaux, ils n'ont jamais été le prélude à sa destruction. Bien au contraire. Même lorsqu'ils la muselèrent ou la placèrent sous tutelle, tous les régimes et pouvoirs successifs mirent leur puissance au service de cette ville en perpétuelle expansion ; gouvernée le plus souvent « comme doit être administrée la capitale d'un grand empire, c'est-à-dire avec talent et courtoisie », on lui offrit le meilleur des savoirs, des sciences et des arts.

À ces changements légitimes répondent les démolitions causées par les combats des guerres et des révolutions. Elles sont assez rares. Tant mieux, règlements et jurisprudences entretiennent un vide juridique : ni les assurances, ni la Ville de Paris, ni l'État ne sont responsables des dégâts liés aux conflits et aux insurrections. À cela s'ajoute une constante au fil des siècles. Pour manifester leur mécontentement, les Parisiens ont toujours renversé des pierres ou fait couler le sang, jamais les deux à la fois – dans une même proportion. La Commune de 1871, avec ses monceaux de cadavres et de maisons calcinées, demeure l'exception de la règle.

Une autre exception, en guise de curiosité parisienne. On croit reconnaître de vieilles rues disparues dans celles qui restent, ou qui parfois les remplacent.

*

Détruire pour reconstruire la ville en mieux ne fut pas l'unique motivation de ceux qui en eurent la charge. « Les Parisiens, explique le préfet Rambuteau dans ses *Mémoires*, sont comme des enfants ; il faut sans cesse leur occuper l'esprit, et, si l'on ne veut pas leur donner tous les mois un bulletin de bataille ou une constitution tous les ans, il est bon de leur offrir tous les jours quelques travaux à visiter, quelques projets d'embellissement : c'est une soupape à leur besoin de nouveauté, à leur tempérament frondeur, à leurs discussions. » C'est aussi un devoir économique. « Ce que nos monuments nous coûtent, les étrangers qui affluent chez nous nous le rendent avec usure. Plus Paris s'embellira, plus Paris tendra à devenir la capitale, non de la France seulement, mais du monde civilisé. » Fait rare, les bénéfices de cet investissement continuent d'être empochés lorsque la beauté est malmenée ; il y a même des bonus lorsque ça va très mal. Les circuits Thomas Cook pour visiter les ravages de la Commune eurent un succès sans précédent.

C'est chose connue, la belle architecture fait de belles ruines. Les destructions de Paris ont toujours fasciné le Parisien attristé, le provincial envieux et l'étranger jaloux. « Tous les hommes ont un secret attrait pour les ruines, note Chateaubriand dans *Le Génie du christianisme*. Ce sentiment tient à la fragilité de notre nature, à une conformité secrète entre ces monuments détruits et la rapidité de notre existence. Il s'y joint en outre une idée qui console notre petitesse, en voyant que des peuples entiers, des hommes quelques fois fameux, n'ont pu vivre cependant au-delà du peu de jours assignés à notre obscurité. »

Des ruines, la Commune en a offert plus que de raison aux amateurs en mal de vanités. Outre les maisons et les immeubles bombardés, les flammes avalèrent l'hôtel de Salm (Légion d'honneur), le palais des Tuileries, le palais d'Orsay (Cour des comptes), le ministère des Finances, l'Hôtel de Ville... La désolation incandescente de la capitale à l'issue de la Semaine sanglante, du 21 au 28 mai 1871, fut la conséquence de la guerre civile qui découla de la défaite face à la Prusse. Conséquence, aussi, d'une France dépassée par la marche du temps. « Une de nos faiblesses, écrit Renan en septembre 1870, à nous autres Français de la vieille école, est de croire que les délicatesses du galant homme passent avant tout devoir, avant toute passion, avant toute croyance, avant la patrie, avant la religion. Cela nous fait du tort ; car on ne nous rend pas toujours la pareille, et, comme tous les délicats, nous jouons le rôle de dupes au milieu d'un monde qui ne nous comprend plus. » La ruine, réponse à l'incompréhension fatale, nourrit l'inspiration. La poétesse Augustine-Malvina Blanchecotte, pourtant hostile aux communards, écrit : « Oserai-je le dire ? j'aime les ruines. Ces belles fenêtres à jour, en plein ciel, ces splendides arcades aériennes où tant de mystères avec tant de vent inconnu doivent aimer à passer le soir ; ces portes sans chambres, fantastiques ; ces escaliers vertigineux, insensés, sans raison d'être, suspendus dans le vide, sans issue que l'espace ; ces statues par hasard préservées, ces aspects visionnaires que présentent ces grands restes, sont tout simplement du rêve et saisissent fortement l'imagination la plus froide. »

Pour plus d'un Parisien, la vision de ces palais calcinés a le mérite de tourner la page du Second Tant-pire (comme disait Nadar). Huysmans figure parmi ceux qui s'en réjouissent le plus et en tire un petit livre savoureux : *L'architecture cuite*. « C'était poncif, pompier, coco, buffet, patriarche, chauffrette, tout ce que l'on voudra ; cette bâtisse [le palais d'Orsay] puait le grec, le romain, le premier Empire, toutes les senteurs d'architecture les plus nauséeuses et les plus fades ; [...] le feu a désagrégé ce fastidieux amas de pierres, éventré la lourde panse, décoiffé enfin la tête de cette vieille bourgeoise dont il a fardé de rose et de vert le blanc grincheux du teint. [...] Au lieu de donner à bâtir à des architectes des monuments qu'ils composent de bric et de broc, [...] ne vaudrait-il pas mieux qu'un adroit alchimiste se substituât aux professeurs de l'École et leur apprît le moyen d'imprimer au Tribunal de Commerce, par exemple, une étampe réelle d'art, en l'incendiant ? Pour embellir cet affreux Paris que nous devons à la misérable munificence des maçons modernes, ne pourrait-on – toutes précautions prises pour la sûreté des personnes – semer çà et là quelques ruines, brûler la Bourse, la Madeleine, le Ministère de la Guerre, l'église Saint-Xavier, l'Opéra, l'Odéon, tous le dessus du panier d'un art infâme ! L'on s'apercevrait peut-être alors que le Feu est l'essentiel artiste de notre temps et que, si pitoyable quand elle est crue, l'architecture du siècle devient imposante, presque superbe, lorsqu'elle est cuite. »

La puissance de l'incendie qui ravagea la Cour des comptes marqua tous les témoins, certains avec une glaçante clairvoyance. « Je ne sais quelle analogie me vient à la pensée, de cette pluie de papier calciné avec la pluie de cendres sous laquelle a été ensevelie Pompéi », relève Edmond de Goncourt dans son *Journal*. Pour sa part, Louis Veuillot estime : « Si de tous ces débris la préfecture de police saura faire une autre civilisation, je l'ignore. Ce que sera cette autre civilisation, qui veut le savoir, n'a qu'à lire Tacite et Pétrone. »

Une centaine d'années plus tard, Gaston Bachelard pourra écrire qu'« on n'a peut-être pas assez remarqué que le feu est plutôt un être social qu'un être naturel ».

*

Peu avant 1870, on lit, sous la plume de Jules Simon, que « Paris est une ville de démolisseurs. C'est le plus grand théâtre de l'histoire de France : qui s'en douterait à le voir ?...

Que reste-t-il de l'hôtel Saint-Paul, du palais des Tournelles, du Louvre de Charles V, de la Tour de Nesle ? Les simples maisons tombent comme des châteaux de cartes. S'il en reste une qui remonte au XVIIe siècle, il faut qu'elle soit cachée au fond d'une cour ou dans une ruelle. »

*

Dans le Paris post-communard, il n'est pas rare de croiser des silhouettes fouillant les décombres à la recherche de reliques. Un coiffeur de la rue de Beaune se constitue ainsi un petit musée après avoir accumulé une centaine de pièces dont un bouton de manchette oxydé récupéré dans les magasins fumants du Tapis-Rouge, un boulon de cuivre du ministère des Finances qui n'a pas fondu, une étiquette ramassée aux docks de La Villette, un fragment de tapisserie trouvé dans les gravats d'une maison de la rue Royale, un lambeau de décor du théâtre de la Porte-Saint-Martin, une pierre du palais des Tuileries, un paquet de feuilles roussies de l'Hôtel de Ville, un bout de colonnade de la Cour des comptes…

Les glaneurs n'ont jamais manqué mais les grands travaux d'Haussmann leur ont permis, pendant des années, de s'aiguiser l'œil. « La démolition est devenue une science et presque un art, et la moralité y fleurit aussi bien que dans toute autre branche de l'industrie du bâtiment. […] Ce n'est plus de la destruction, c'est de l'analyse. On trouve à qui parler : des gaillards vigoureux, durs à la fatigue, au froid, à la pluie et au vent, polis, intelligents, des anatomistes qui dissèquent une maison, et vous disent ce qu'elle vaut dans le menu, distinguant les styles aux détails les plus délicats, sachant parler fleurons, rosaces, volutes, oves, feuilles d'eau et entrelacs, connaissant tous les marbres : le statuaire, le ver de mer, le turquin, la brocatelle et le portor, les attaquant et les descellant avec une exquise dextérité. » À ces lignes, qu'il écrit dans *Parisine* en 1869, Nestor Roqueplan ajoute que « la destruction donne des voluptés inconnues à l'édification ». Louis Veuillot ne l'entend pas de la sorte : « La pioche des démolisseurs manque absolument de respect pour les vieilles maisons et brise sans pitié les blasons sculptés sur les portes cochères, comme elle a brisé les antiques enseignes des simples droguistes. [...] En ces temps d'égalité, l'hôtel altier d'un duc comme l'humble maison d'un marchand de vin doit s'écrouler, dès qu'il s'agit de l'utilité publique. Ce siècle a des exigences ! »

*

Ce siècle, Louis Veuillot ne l'aime pas et, amant fidèle du vieux Paris, reste insensible aux sirènes de l'ère Napoléon III. Il n'aura de cesse d'ailleurs de les vomir avec un certain plaisir, celui qui consiste à pointer, avec une précision intraitable, le bât qui blesse, la fausseté, la malfaçon. Pour cela, il n'a qu'à lever les yeux. « Les constructions du nouveau Paris relèvent de tous les styles ; l'ensemble ne manque pas d'une certaine unité, parce que tous ces styles sont du genre ennuyeux, et du genre ennuyeux le plus ennuyeux, qui est l'emphatique et l'aligné. [...] Ces grandes rues, ces grands quais, ces grands édifices, ces grands égouts, leur physionomie mal copiée ou mal rêvée, garde je-ne-sais-quoi qui sent la fortune soudaine et irrégulière. Ils exhalent l'ennui. On est là-dedans comme chez ces gens d'hier et d'ailleurs, qui vous font bien boire, bien manger, bien asseoir, qui vous chauffent bien, qui allument un luminaire à vous brûler les yeux, mais qui n'ont rien à vous dire, sitôt qu'ils ont achevé de réciter le journal de tout à l'heure. »

L'Opéra est encore inachevé durant l'insurrection de 1871. Veuillot pourra librement le juger par la suite. « Sur son terrain acheté plus cher que si la poussière en était de diamants, on l'a bâti de pierres choisies, et l'architecture en aurait fait un chef-d'œuvre pour peu qu'il fût possible de créer des chefs-d'œuvre avec des millions. » À ce sujet, Léon Daudet écrira : « Du monument lui-même, conçu par Garnier, il n'y a rien à dire, ni en bien, ni en mal. C'est du grandiose à l'usage des médiocres et du "beau" à l'usage des Américains. »

*

« Va te faire foutre, troupeau, je ne suis pas de la bergerie ! » (Gustave Flaubert)

*

On suppose avec certitude que les Romains de l'Antiquité furent les premiers à agresser les Parisii – des Gaulois de bords de Seine. S'il y eut de violents combats Rive gauche, du côté de la rue de Grenelle et du Champ-de-Mars, c'est que la ville d'alors était située dans une zone que nous peinons aujourd'hui à situer entre Nanterre et Ivry. C'est peut-être pour cette raison que l'île de la Cité, à mi-chemin entre ces localités, fut progressivement choisie pour devenir leur bourgade fortifiée de planches. Ce dispositif défensif ne repoussa pas les légions de Titus Labienus lorsque ce lieutenant de César décida, après la défaite de Vercingétorix en -52 à Alésia, d'offrir le même sort à Camulogène, le chef de Lutèce, qui refusait de négocier sa capitulation avec l'occupant – il mourra d'ailleurs au combat. Mais Lutèce « est la ville des Parisiens », reconnaît Jules César dans sa *Guerre des Gaules*. Après les tueries des batailles, elle entame une longue période de prospérité. Sortis de leurs roseaux, les Gaulois la rebâtissent et l'agrandissent ; comblée de commodités, Lutetia devient l'une des plus brillantes capitales provinciales de l'Empire, l'une des plus plaisantes du moins, au point que Julien, qui y hiverne avec son armée en 357, ne veut plus quitter sa « chère Lutèce et ses eaux claires ».

C'est quelque part, à l'emplacement du boulevard du Palais, dans l'île de la Cité, qu'il fut, malgré lui, proclamé empereur en 360. Enfermé dans le palais, il se cacha dans les souterrains pour ne pas être fait Auguste, mais ses soldats brisèrent les portes, le trouvèrent, et c'est dans la salle du conseil qu'il dût revêtir les insignes de sa nouvelle dignité. On ignore tout du palais des Thermes, son architecture, ses jardins, ses vergers en terrasses… Il ne reste rien, depuis longtemps. Impossible de savoir en quoi il séduisit ce général romain puis des rois de France, jusqu'à la Renaissance.

Impossible de savoir aussi à quoi ressemblait cette île. Au temps de Lutèce, elle mesurait 8 hectares, elle en couvre aujourd'hui 17. À l'alluvionnage des siècles se sont ajoutés les empiétements sur le fleuve et la réunification de trois îlots situés à sa pointe occidentale, lors de la construction du Pont-Neuf.

L'Antiquité peut encore se lire dans l'arène de la rue Monge et sur les murs de Cluny. En 1898, on mit à jour, vers le numéro 200 de la rue Saint-Jacques, une partie de l'aqueduc qui prolongeait celui d'Arcueil pour amener l'eau de Wissous jusqu'au palais des Thermes. Ces tristes restes isolés incarnent « ce rien descendu d'un grand tout ancien », comme l'écrivait Jacques Grévin sur les ruines de Rome au XVIe siècle.

La proue de l'île de la Cité, où s'amarrent les Vedettes du Pont-Neuf et où pleure le saule du square du Vert-Galant, conserve la hauteur originelle de Paris. La bourgade des Parisii, nautes gaulois, était à fleur d'eau.

*

Dans *Collines et buttes parisiennes*, Henri Bachelin se plaît à situer le Parnasse sur les hauteurs qui dominent la ville, puis précise : « Ce ne sont pas de telles images que crée l'évocation des collines qui, depuis des millénaires, encerclent sans rigueur le site qui fut d'abord celui de la minuscule Lutèce, puis d'un Paris qui ne cessa point de s'agrandir concentriquement à l'île-mère, qu'on appelle encore la Cité. Il faut le voir à ses origines, comme toutes les localités qui sont devenues villes importantes, entouré de forêts drues dont il ne lui reste que les bois, plutôt les parcs, de Boulogne et de Vincennes. Les rudes haches et les pics des légions romaines, puis des Franks, des moines enfin, les ont défrichées. L'horizon s'éclaircit, si peu que ce fût. Deux montagnes apparurent, dénudées : Sainte-Geneviève au sud, Montmartre au nord. »

*

La quiétude des méandres vallonnés des bords de Seine feront, quelques siècles plus tard, les délices des Vikings. Marins aguerris, égorgeurs professionnels et pilleurs hors-pair, leurs drakkars sont de redoutables engins tout-terrain et leurs armes, haches et catapultes, laissent rarement leurs ennemis indifférents. Leurs premières incursions en Francie remontent au règne de Charlemagne mais, en 820, leur flotte est repoussée par la défense côtière dans l'estuaire de la Seine. Il n'en sera pas de même par la suite.

L'année 841 voit revenir les Vikings qui ont l'agréable surprise de ne rencontrer personne pour freiner leur avancée. Ils s'en donnent à cœur joie : mise à sac de Rouen, pillage de l'abbaye de Saint-Ouen, dévastation de l'abbaye de Jumièges… et celle de Saint-Wandrille-de-Fontenelle leur verse six mille livres d'or pour être épargnée. En 845, ce sont cent-vingt drakkars conduits par Ragnarr aux Braies Velues qui fondent sur Rouen. Après avoir incendié le monastère de la Celle, ils remontent le courant vers Paris. Là, ils dévalisent l'île de la Cité abandonnée par ses habitants et ravagent les monastères de Sainte-Geneviève et de Saint-Germain-des-Prés. Face à la déferlante, le roi Charles le Chauve se réfugie à Saint-Denis et, depuis cette retraite, négocie le départ des envahisseurs moyennant sept mille livres d'argent.

Après si bon accueil, les Danois décident de revenir. En 851 et 852, nouvelles razzias le long de la Seine durant lesquelles Saint-Wandrille-de-Fontenelle ne peut acheter sa tranquillité. En 855, ils dévastent à nouveau Rouen avant de partir en repérage du côté de Chartres. Décembre 856, les Vikings sont devant les murailles de Paris mais n'y entrent pas, se contentant de détrousser toutes les églises de ses faubourgs et de massacrer tous les serfs de l'abbaye de Saint-Germain. En 858, ils fondent sur Chartres, laissent peu de choses à Bayeux et enlèvent l'abbé de Saint-Denis, archichapelain du roi, avec son demi-frère Gauzlin, futur évêque de Paris. Les deux hommes échappent à la mort contre une rançon colossale. En 860, troisième tentative d'invasion de la capitale. Elle sera sauvée moyennant trois mille livres offerts par le roi. Contrarié par tant de témérité, Charles le Chauve finit par faire bâtir, à partir de 861, le pont de l'Arche, plusieurs ouvrages jetés en travers de la Marne et de la Seine à hauteur de Paris, et un pont fortifié, enjambant l'Eure et la Seine. En 865, les Vikings, qui sont de retour, s'échouent sur la construction inachevée et attaquent pendant des mois Chartres et l'Île-de-France ; l'abbaye de Saint-Denis est visitée durant cette descente. Encore une fois, le roi achète leur départ avec des caisses d'or et des tonneaux de vin. Est-ce l'efficacité du pont fortifié ou la lassitude de gagner autant d'argent si facilement… une vingtaine d'années s'écoulent sans qu'un drakkar pointe sa silhouette dans le paysage normand, sauf une fois, sans grands dommages, en 876.

Le débarquement viking à Calais, en 879, eut en revanche des conséquences sanglantes pour les régions de la Somme et de l'Escaut, et revigora les pioupious danois pour s'attaquer, quelques années plus tard, à Paris.

On doit la plupart de ce que l'on sait des événements des années 885-886 à Abbon, moine de Saint-Germain-des-Prés. Témoin du siège, il écrit ce qu'il voit dans un long poème intitulé *Bella Parisiacæ urbis*, ou *Histoire du siège de Paris par les Normands*. La ville, délaissée par les Carolingiens qui lui préfèrent leurs palais des terres d'Austrasie, tels Attigny et Aix-la-Chapelle, est cependant bien protégée par des remparts qui permettent d'enclore l'île de la Cité, le fameux pont fortifié de Charles le Chauve n'étant toujours pas achevé. L'île abrite notamment la basilique-cathédrale Saint-Étienne, sur laquelle sera bâtie Notre-Dame – au lieu même où, selon les chroniques, Saint-Denis fut décapité –, le baptistère Saint-Jean-le-Rond et le palais de l'évêché. Les deux ponts qui la relient aux rives du fleuve, le Petit-Pont et le Pont-au-Change, sont protégés par des ouvrages défensifs, les tours du grand et du petit Châtelet.

Les Vikings, menés par Sigfriðr, jettent l'ancre sous le ciel de Paris le 24 novembre 885, après s'être fait les griffes à Pontoise. Ils y resteront jusqu'en novembre 886, quand l'empereur Charles le Gros négociera (encore) leur départ plutôt que de les combattre, alors que durant un an, les Parisiens – sous la conduite d'Eudes, comte de Paris – s'illustrèrent par leur courage et leur détermination à résister au siège pour vaincre l'ennemi. Un an durant lequel les Normands, qui ont installé leur camp fortifié dans l'église Saint-Germain-l'Auxerrois, pillent et saccagent les environs. Abbon nous livre un exemple de leurs méthodes : « Les Normands comblèrent les fossés de la tour du Châtelet avec des bœufs, des vaches et des hommes qu'ils tuèrent tout exprès. Des prisonniers qu'ils avaient faits et qu'ils égorgèrent pour leur servir de pont. » Ils mettent le feu et détruisent entièrement la tour du petit Châtelet mais n'arrivent pas à prendre possession de la tour du grand. L'abbaye de Saint-Germain-des-Prés est également occupée par ces meutes sauvages. Il faut s'imaginer cette abbaye comme une citadelle, avec ses murailles flanquées de tours et ceintes de fossés. Il y avait même un canal qu'on appelait « la petite Seine ». Massacres, assauts et offres de rançons se multiplient au fil des mois, jusqu'à la pseudo-capitulation de Charles le Gros qui lui vaudra d'ailleurs sa couronne, les grands du royaume le destituant peu après pour prix de sa mollesse.

Les Vikings finissent par partir à la découverte de la Bourgogne – où ils visiteront vignes et abbayes pendant encore un an – et laissent derrière eux une ville dévastée.

*

Dans la poésie des mots, la beauté des noms demeure un charme mystérieux. Les villes où vécurent des générations de monarques carolingiens et mérovingiens, sans évoquer jusqu'aux délicieuses villégiatures des Bourbon en Île-de-France, portent des noms qui, lorsqu'ils sont dits ou lorsqu'ils sont lus, offrent la vision de la terre nourricière, la puissance éphémère du pouvoir médiéval, le paysage façonné par l'homme et nuancé par la lumière des saisons, les pulsations du corps du cheval, la couleur de la pierre et l'odeur des forêts.

Pîtres, Senlis, Soissons, Beauvais, Louviers, Mantes, Reims, Compiègne, Les Mureaux, Gondreville, Vieille-Brioude, Noyon, Laon…

Autant de villes aujourd'hui délaissées, certaines abandonnées à leurs « quartiers » difficiles ou connues pour leur sortie d'autoroute, pour leur aéroport. Les cathédrales demeurent encore.

*

J'aime le boulevard Arago, c'est une sorte de synthèse de ville qui pourrait mener sa vie indépendamment du reste de la ville. Il n'a pas de véritable charme architectural, mais on y trouve de larges trottoirs, des marronniers alignés, des immeubles, des maisons, des ateliers d'artistes, des bistrots, un marchand de journaux, une prison, un tabac, une vespasienne (la dernière), une boutique de couleurs, des boulangeries, un institut d'astrophysique, deux squares, un temple et des cloîtres. L'ensemble est empreint de ce quelque chose qui devait imprégner les faubourgs de Paris. Cette sensation est sûrement due à la présence continue, depuis des siècles, de communautés religieuses qui ont choisi ce quartier pour se replier hors du monde. Ça se sent, ça s'entend. « Toute la région, écrit Lucien Descaves, quand elle ne bourdonnait pas d'oraisons, se rafraîchissait de silences. » Rappel d'une ville peuplée de couvents, de murs, de jardins et de clochers coiffés de flèches et d'abat-sons.

L'enclos du Carmel du faubourg Saint-Jacques, le plus important des trois couvents de l'ordre dans la capitale, s'étendait de la rue du Val-de-Grâce au boulevard de Port-Royal et voisinait avec les cloîtres des Chartreux, des Capucins et des Bénédictins. Tout l'est de Paris, jusqu'au XVe siècle, n'était qu'un vaste groupement de châteaux, d'hôtels, de monastères fortifiés fermés de murs à échauguettes et à tourelles. Les abbayes elles-mêmes, bordées de remparts, servaient d'asiles dans les temps troublés du Moyen Âge. Il en était ainsi de l'abbaye cistercienne construite aux portes de la ville, dans cette campagne où ne s'étendaient autour de Saint-Antoine-des-Champs que les agglomérations de Picpus, Reuilly, Rambouillet, Bercy, Popincourt, puis les hameaux de Basfroid et de la Croix-Faubin.

Les bâtiments de la communauté des Visitandines, édifiés rue Saint-Jacques au XVIIe siècle, furent rasés en 1906 pour élever l'Institut océanographique du prince de Monaco. Étonnamment, sa tour aux allures de phare s'accorde gracieusement au clocher de l'église Saint-Jacques-du-Haut-Pas, édifié dans les années 1680.

*

De nombreuses vues peintes et gravées témoignent, au fil des siècles, de l'attachement filial des Parisiens à leur fleuve. Leur axe vital. Chaque jour, les eaux de la Seine portent les navires qui ravitaillent la ville en produits frais et objets précieux, les troncs d'arbres indispensables au chauffage et aux chantiers de construction, et alimentent les lavoirs et les rares fontaines (Paris a toujours manqué davantage d'eau que de pain). On se baigne là où s'abreuve le bétail et où l'on jette ses détritus. La concomitance de ces activités nautiques et aquatiques, dans la ville longtemps la plus peuplée du monde, ne fut pas sans conséquences sur la santé de ses habitants. C'est pourquoi, dès le Moyen Âge, les interdictions de consommer cette eau se multiplièrent mais en vain, les Parisiens n'ont jamais pris au sérieux les mises en garde sanitaires.

« Chaque rive de la Seine, selon Paul-Louis Jacob, ressemblait à une forêt ténébreuse, infecte comme les soupiraux de l'enfer, tant il y avait de sales cloaques parmi les poutres et les piliers qui soutenaient une ligne de maisons, de moulins et de fabriques. La navigation sous les ponts était très dangereuse, à cause des madriers et des faisceaux de charpente qui se dressaient de toutes parts ; çà et là, roues de moulins, digues, vannes, obstacles de toute nature, écueils à fleur d'eau : puis, des fenêtres, des toits, des sentines, on jetait tout ce qui était capable d'encombrer et d'empoisonner le lit de la rivière ; puis, les seaux des puits, les cordes de poulies, les crampons et les filets des pêcheurs, descendaient sans cesse en gémissant ; et, pour compléter le tableau, des nuées de pigeons voletaient autour de leurs colombiers avec d'interminables roucoulements, qui se mêlaient au martellement des forges et aux cliquettes des moulins fonctionnant jour et nuit. »

À la nuit tombée, dans les ténèbres du contrebas des quais, quand dorment les mariniers avinés, les baraques des haleurs plantées sur les berges s'animent. L'heure du sommeil ou de l'ivresse est aussi celle du crime. Truands, voleurs et assassins quittent tranquillement leurs abris sur pilotis. Aucun agent ne viendrait les surprendre au sortir de leur cache pour les empêcher de commencer leur journée. Comme la cour des Miracles et la montagne Sainte-Geneviève, les berges furent longtemps le refuge inviolable de la pègre.

*

À lire en fredonnant

Sur les quais du vieux Paris,
Le long de la Seine
Le bonheur sourit,

Sur les quais du vieux Paris,
L'amour se promène
En cherchant un nid*.

*

Au-dessus, il y a les ponts. Curieux saint Christophe qui porte les Parisiens d'une rive à l'autre du fleuve sans qu'ils s'en aperçoivent ; des immeubles hérissent leurs silhouettes et obstruent la perspective de la Seine. Ce sont de véritables rues suspendues, commerçantes et surpeuplées, aussi, il n'est pas rare qu'un étranger puisse séjourner dans la capitale sans se douter de son existence. Pour avoir le plaisir de voir couler l'eau sous ses fenêtres, Dante choisit d'aller loger dans une hôtellerie ouverte sur la Bièvre, lorsqu'il vint enseigner à l'Université.

Il est fréquent que leurs arches bricolées s'effondrent sous le poids des constructions ou disparaissent en quelques instants, emportées par le courant des crues. Le 29 octobre 1499, un ouvrier qui avait remarqué que la charpente du Pont-au-Change était vermoulue, alerta le lieutenant-criminel qu'il tomberait avant midi. Ses habitants furent évacués et le pont

---

* *Sur les quais du vieux Paris*, chanson interprétée par Lucienne Delyle en 1939, paroles de Ralph Erwin et Louis Poterat.

s'enfonça dans l'eau avant les douze coups. Cet événement fut interprété comme la punition du matricide d'un certain Robert Leslie, qui avait tué sa génitrice sur ce pont, mais la justice préféra y voir la négligence du prévôt des marchands et des échevins qui finirent leur vie en prison.

Toutefois, ces excroissances urbaines étant principalement en bois, le feu était le danger le plus craint ; et les incendies n'étaient pas rares.

Celui qui embrasa le Pont-au-Change, en 1621, marqua durablement les esprits car les flammes ne laissèrent rien. Après ce drame, il fut décidé de ne plus avoir de ponts habités dans la capitale ; décision qui mettra un siècle et demi à être appliquée. Dans sa *Nouvelle description de la France*, publié en 1728, M. Piganiol de la Force nous raconte qu'« il fut d'abord appelé le Pont-aux-Oiseaux, parce qu'il y avait des Oiseliers qui y demeuraient. Les Changeurs prirent ensuite leur place et depuis on l'a nommé le *Pont-au-Change*. Il n'était que de bois, et ayant été consumé, on le rebâtit de pierres de taille et on éleva dessus deux rangs de maisons, très hautes. Il fut achevé en 1647. À l'un des bouts de ce pont, on voit une statue du Roi à l'âge de dix ans. Une Victoire paraît au-dessus tenant une couronne de laurier à la main dont elle va couronner ce jeune Prince. Il est élevé sur un piédestal, à côté duquel le Roi Louis XIII et la Reine Mère sont représentés de grandeur naturelle et avec leurs habits royaux. Toutes ces figures sont de bronze, sur un fond de marbre noir. À l'autre bout est l'horloge du Palais, dont on sonne la grosse cloche dans les réjouissances publiques. [...] On peut aller de ce pont à celui de Notre-Dame par un quai couvert, appelé Quai de Gèvres, soutenu par des voûtes extrêmement hardies qui sont prises sur le lit de la rivière. » Ces voûtes inquiétantes ont été peintes au cours des XVIIIe et XIXe siècles. Ce sont les seules traces qu'elles ont laissées puisque les berges furent arasées pour bâtir l'actuel Pont-au-Change en 1860.

Cette construction est évoquée dans un poème de Robert Desnos, en 1944 :

Je suis le veilleur du Pont-au-Change
Ne veillant pas seulement cette nuit sur Paris,
Cette nuit de tempête sur Paris seulement dans sa fièvre et sa fatigue,
Mais sur le monde entier qui nous environne et nous presse.
Dans l'air froid tous les fracas de la guerre
Cheminent jusqu'à ce lieu où, depuis si longtemps, vivent les hommes.

Son voisin, le Pont Notre-Dame, a été construit – à maintes reprises car souvent emporté – au même emplacement que le pont romain du *cardo maximus*. Au XVIIIe siècle, plus qu'un simple pont habité, et doté d'une pompe à eau comme celle de la Samaritaine, cette voie est un quartier très fréquenté ; ses maisons (les premières à être numérotées), abritent de nombreux commerces d'art. « On trouve des glaces de Venise chez M. le Tellier et chez plusieurs autres miroitiers du Pont Notre-Dame », recommande Abraham du Pradel dans son *Livre commode des adresses de Paris pour l'année 1692*. Quelques années après, chez Gilles de Mortain, à l'enseigne des Belles Estampes, 39e maison, on expose les toiles peintes par le propriétaire ainsi que des planches qu'il édite lui-même, des gravures d'après Rubens, Goltzius, Berchem et Rembrandt, et des gravures de mode de Bonnart. Chez Jean Morel, boutique de la 37e maison, on achète des estampes, des cadres, des petits meubles en bois doré et des tableaux. Beaucoup de tableaux sont vendus sur ce pont, un peu trop d'ailleurs pour avoir bonne réputation. L'expression « tableau du Pont Notre-Dame » désigne alors une croûte, et Diderot, dans son *Salon* de 1763, renvoie « au Pont Notre-Dame » les toiles qui lui déplaisent. Ces dizaines de boutiques vendent des copies fabriquées sur place et à la chaîne par de jeunes peintres. Remisés dans des ateliers en contrebas de la chaussée, ils peignent à longueur de journée le même motif, l'un les ciels, l'autre les mains, certains posent les blancs ou les drapés. À peine secs, les tableautins sont encadrés et mis en vente.

En 1702, la 43e maison, à l'enseigne du Griffon d'or, tenue par Étienne Desrais, se flatte d'avoir parmi ses élèves-esclaves un garçon talentueux. Il est né à Valenciennes, est âgé de dix-huit ans, et détient déjà le « monopole » des saint Nicolas qu'il reproduit par cœur, ainsi qu'un tableau de Gerrit Dou, *Vieille femme lisant*. Il s'appelle Watteau. Le brillant apprenti passe son temps libre à remplir des carnets de croquis pour saisir l'infinie diversité des silhouettes qui peuplent alors les rues de Paris. Ces figures prises sur le vif alimenteront toute son œuvre. C'est aussi sur ce pont qu'il aurait découvert le monde du théâtre et d'Arlequin. L'historien Guillaume Glorieux nous apprend que dans la 4e maison, à l'enseigne du Grand Louis, se trouvait la boutique de costumes de Michel-Joseph Ducreux, héritier de son père qui travailla pour Molière et Lully. Il vendait ou louait des masques, des tenues de scène, des perruques et des accessoires. Ces éléments, qui reviennent en leitmotiv dans les fêtes galantes de Watteau, sont précisément décrits dans l'inventaire de la boutique Ducreux en 1715. Une liste d'« habits de bal » détaille « quatre habits d'Arlequin de toile, un habit de vieillard de velours pourpre, un habit d'Espagnol de satin vert, un deuxième de satin pourpre avec agrafes d'argent et un troisième de velours noir, un habit Vénitien de velours ciselé, plusieurs habits de paysan dont un drap gris-bleu et un de serge jaune, deux habits de berger de satin bleu, et de nombreuses robes de satin et de taffetas. »

C'est encore sur le Pont Notre-Dame que Watteau viendra finir sa vie et peindre l'un de ses chefs-d'œuvre. Pour remercier son ami Gersaint, qui l'a hébergé durant l'hiver 1720-1721, le peintre décide de réaliser l'enseigne de sa nouvelle boutique (la précédente ayant brûlé avec le Petit-Pont en 1718). Gersaint relatera plus tard : « À son retour à Paris, qui était en 1721 dans les premières années de mon établissement, il vint chez moi me demander si je voulais bien le recevoir, et lui permettre, *pour se dégourdir les doigts*, ce sont ses termes, si je voulais bien, dis-je, lui permettre de peindre un plafond que je devais exposer en dehors. J'eus quelque répugnance à le satisfaire, aimant beaucoup mieux l'occuper à quelque chose de plus solide ; mais voyant que cela lui ferait plaisir, j'y consentis. L'on sait la réussite qu'eut ce morceau ; le tout était fait d'après nature : les attitudes en étaient si vraies et si aisées, l'ordonnance si naturelle, les groupes si bien entendus, qu'il attirait les yeux des passants ; et même les plus habiles peintres vinrent plusieurs fois pour l'admirer : ce fut le travail de huit journées, encore n'y travaillait-il que les matins, sa santé délicate, ou pour mieux dire, sa faiblesse, ne lui permettant pas de s'occuper plus longtemps. C'est le seul ouvrage qui ait un peu aiguisé son amour-propre ; il ne fit point de difficulté de me l'avouer. »

Watteau mourra le 18 juillet 1721 ; les habitations seront rasées en 1769 ; le pont détruit et reconstruit en 1853 puis en 1919. Quant à *L'Enseigne de Gersaint*, elle est au château de Charlottenbourg, à Berlin.

*

Selon Pierre Mac Orlan, « la chanson de l'eau, la sagesse de l'eau, les confidences de l'eau sont pour une très grande ville le plus sûr garant de son passé. »

*

En rognant au fil du temps les terres vierges de ses environs, ou en avalant ses communes limitrophes, la ville en expansion a créé de nouveaux axes de circulation. Plusieurs tracés remontent à l'Antiquité – on a longtemps pu traverser Paris aisément en suivant simplement le *cardo* romain –, et nous continuons d'emprunter des rues ouvertes il y a plusieurs siècles. Beaucoup d'autres ont cependant disparu. Dulaure nous apprend qu'il n'était pas rare, au XIIe siècle, que les rues de Paris portent des noms grossiers, ridicules ou obscènes. « Les uns désignent la malpropreté, comme les noms de *Merderais*, *Merderet*, *Merderiaux*, *Merderel*, *Orde-Rue*, rue *Breneuse*, il s'en trouvait plusieurs de ce nom ; *Trou-Punais* était celui de plusieurs cloaques, ainsi que ceux du *Trou-Bernard*, de *la Fosse-aux-Chiens*, autrefois nommé *Fosse-aux-Chieurs*; rues *Tire-Pet*, du *Pet*, du *Petit-Pet*, du *Gros-Pet*, du *Pet-au-Diable*, du *Cul-de-Pet*, etc.

D'autres dénominations ne sont que ridicules, comme celles des rues *Pavée d'andouilles*, *Trop-va-qui-dure*, ou *Qui-mi-trouva-si-dure*; du *Puits-qui-parle*, *Bertrand-qui-dort*, *Brise-Miche*, *Taille-Pain*, *Jean-Pain-Mollet*, *Trousse-Vache*. [...] D'autres noms caractérisaient les dangers qu'y couraient les passants, ou les événements fâcheux dont elles furent le théâtre: telles sont la rue dite du *Coup-de-Bâton*, les rues *Tire-Chappe*, *Vide-Gousset*, *Coupe-Gorge*, *Coupe-Gueule* etc.

Il en était d'autres qui attestaient la misère publique, comme celles de *la Grande-Truanderie*, de *la Petite-Truanderie*. On sait que le mot truanderie indique l'action de demander l'aumône; la *Vallée-de-Misère*, etc. Plusieurs autres rues indiquaient par leurs noms la débauche dont elles étaient les repaires; telles que les rues *Pute-y-Muce*, *Putigneuse*, le cul-de-sac *Putigneux*, etc.»

Paris compte aujourd'hui près de 6300 rues. Comme il faut bien leur trouver des noms, certains ont de bonnes idées. Ainsi, le riant quartier de la Bibliothèque nationale-François Mitterrand – elle-même allégorie de la désolation terrestre – se voit peuplé d'une horde de personnalités et d'auteurs auxquels la Ville, sûrement par manque de place, n'avait pu rendre hommage jusqu'à présent. Ce serait un curieux dîner – mais d'une certaine allure – que d'avoir autour de la même table Valéri Larbaud, James Joyce, Georges Duhamel, Fernand Braudel, George Balanchine, Abel Gance, Raymond

Aron, Jean Anouilh, Primo Lévy, René Goscinny, Paul Ricœur, Thomas Mann et Albert Einstein ; on ajouterait un couvert pour l'abbé Pierre qui n'a, lui, qu'un jardin, et encore, son nom est accolé à celui des Frigos (j'ignore pourquoi).

Parce que « Paris aime la musique ! », on a aussi jeté là Pau Casals et Olivier Messiaen. On s'étonne qu'aucune voie ne porte le nom auguste de Pierre Boulez qui y aurait toute sa place.

Le violoncelliste et le compositeur mènent à un îlot réservé aux femmes. On y rencontre Marie-André Lagroua Weill-Hallé, la fondatrice du planning familial, Françoise Dolto, qu'on ne présente pas, Hélène Brion, une militante syndicaliste et féministe, Nicole-Reine Lepaute, une astronome du XVIIIe siècle, ainsi qu'Alice Domon, Léonie Duquet, sœur Alicia et sœur Léonie, missionnaires françaises assassinées en Argentine par la junte militaire en 1977 – et serrées ici sur une même plaque.

Les oubliés se rassureront en constatant que le quartier continue de s'agrandir ; Jean Nouvel est à l'œuvre. Ses Tours Duo dominent ce grand foutraque bâti au milieu de nulle part, entre tramway, usines, voies cyclables et ferroviaires désaffectées, bureaux et habitations. Du côté de la porte d'Ivry, on lit un peu partout : « Ici prochainement », « Résidence unique à Paris », « Des bureaux à vivre », « Démarrage des travaux », « 1 900 m^2 divisibles »...

Au bout du boulevard du général-d'armée-Jean-Simon, le Pont National semble suspendu entre l'inconnu et le désespoir.

Il serait cependant malhonnête de dire uniquement du mal de ce quartier qui n'a jamais existé. On devine par endroits quelques belles intentions architecturales et urbanistiques, certains immeubles auraient même pu être *pas mal*, si l'on ne sentait partout le geste empêché.

*

À lire en fredonnant

> Je me souviens d'un coin de rue
> Aujourd'hui disparu.
> Mon enfance jouait par-là.
> [...]
> Tout ce qui fut et qui n'est plus,
> Tout mon vieux coin de rue*.

*

On sait par Christine de Pisan, chroniqueuse du règne de Charles V, que la première pierre de la Bastille fut posée par Hugues Aubriot, prévôt de Paris, le 22 avril 1370. La forteresse aurait été achevée dès 1382. Prudent et concis, alors qu'il se montre particulièrement disert lorsqu'il évoque d'autres édifices parisiens, M. de Saintfoix écrit, en 1765 : « C'est un château qui, sans être fort, est un des plus redoutables d'Europe, et sur lequel je ne rapporterai aucune

* *Coin de rue*, chanson écrite et composée par Charles Trénet en 1954, reprise par Juliette Gréco en 1955.

anecdote. » Ceci lui évite de mentionner qu'il abrite une prison plus redoutée que redoutable.

On sait également, par les gazettes révolutionnaires, que la première pierre de la Bastille à avoir été démantelée le fut à l'initiative de Pierre-François Palloy, un maçon aussi entrepreneur que patriote, dès la nuit du 14 juillet 1789. L'assaut de la forteresse avait pour finalité la saisie de ses réserves de poudre, non sa démolition, mais dans la liesse et la confusion qui entourèrent l'événement, l'initiative parut appropriée. Si la démolition de la Bastille fut révolutionnaire, la raser ne fut pas une idée de révolutionnaires. Ce projet remontait à plusieurs années avant 1789 et s'inscrivait dans un vaste programme de réaménagement soutenu par la Couronne qui souhaitait offrir à Paris une nouvelle place royale. Oublier le vestige médiéval pour instaurer la noble salubrité d'une place Louis XVI. Le temps aura manqué.

Palloy, lui, n'en perd pas. Autoproclamé citoyen-vainqueur de la Bastille, il réussit à légaliser ce qui n'est rien d'autre qu'une confiscation de l'espace public, aidé en cela – outre son audace et sa force d'influence – par sa capacité à mobiliser en quelques heures des centaines d'ouvriers. Le chantier commence immédiatement mais s'étalera sur deux longues années. Deux ans durant lesquels les tensions seront quotidiennes, les journaliers n'étant pas payés ou pas assez, volant, se battant les uns contre les autres… Le riche entrepreneur essuiera quatre insurrections, quinze « catastrophes » (de nombreux morts) et bien plus de blessés, mais fera du démantèlement de sa forteresse un centre d'attraction social et mondain visité par le Tout-Paris d'alors.

Son génie commercial se double d'un sens aigu de la médiatisation. Pour faire savoir à la France entière que la Révolution, en somme, c'est lui, Palloy fait sculpter dans les pierres de l'ancienne prison des maquettes de l'édifice. L'idée reviendrait à un certain Dax, l'un de ses tailleurs de pierre, mais c'est un détail que ne saurait retenir la postérité. Dès le mois d'août 1789, ces modèles réduits sont offerts à chacun des 83 départements puis, les mois suivants, les 48 sections parisiennes reçoivent le leur, de même que les 547 districts et nouveaux départements du pays. La livraison de ces présents est assurée par des « Apôtres de la Liberté », ou plus modestement encore des « Apôtres de Palloy », quelques dizaines de fidèles hommes de mains chargés de faire savoir aux destinataires l'identité du généreux donateur.

L'affairiste maçon est de toutes les commémorations et invente, pour étoffer sa fortune, un concept promis à un bel avenir : l'objet-souvenir. Des verrous, chaînes et canons de la Bastille, on coule des médailles, des bijoux, des boutons, des tabatières et des statuettes. Le culte de la relique est une mine d'or. La méthode de diffusion est identique à celle des pierres sculptées, en offrir aux personnalités en vue afin d'appâter le client. L'historienne Héloïse Bocher nous apprend ainsi que « les médailles sont offertes aux électeurs de 1789, aux députés de l'Assemblée législative puis de la Convention, aux huissiers du corps législatif ou à d'illustres particuliers comme La Fayette, Anacharsis Cloots. Louis XVI lui-même recevra une médaille des mains de Palloy, le 1er juillet 1792, à la suite des remerciements que ce dernier adresse à l'Assemblée nationale pour le décret du 16 juin qui lui accorde le droit d'édifier une colonne sur la place de la Bastille ».

Après avoir vendu en pièces détachées un bien qui ne lui appartenait pas, le citoyen Palloy espère se faire payer pour construire celui qui le remplacera. Il ne verra cependant que des ébauches d'édifices et des élévations éphémères dont raffole la Révolution pour meubler le kitch de ses grands-messes d'autocélébration. Sa colonne ne sera jamais érigée, et les projets successifs de monuments, telle la reconstruction à échelle réduite de la Bastille ou la fontaine de la Régénération resteront à l'état de visions utopiques.

Sa suractivité le mènera place Vendôme, où il supervise, en 1792, le déboulonnage de la statue équestre de Louis XIV, un bronze exceptionnel de Girardon. C'est lui qui désigne un serrurier (le citoyen Seimet), un maçon (Appé), un charpentier (Pellagot) et un paveur (Rousset) pour « coopérer avec lui à la démolition de la statue ». Le procès-verbal de la délibération de la section de la place Vendôme est rédigé le 12 août à sept heures du soir ; ils se mettent à l'œuvre le lendemain. Le texte se termine ainsi : « l'assemblée a voté des remerciements à mon dit sieur Palloy sur son désintéressement et son dévouement à la chose publique. »

Le 13 août, des curieux sauvèrent de la fonte le pied gauche du roi – nu dans une sandale à l'Antique. On peut toujours le voir au Louvre et ses dimensions, près de 70 centimètres de long, laissent entrevoir la monumentalité du monarque (7 mètres de haut, 17 avec le piédestal).

En 1808, le projet d'une fontaine pachydermique au centre de la place de la Bastille semble sérieux, ce sont les grandes heures de l'Empire. Napoléon souhaite un éléphant soutenant un palanquin en forme de pyramide, expédition d'Égypte oblige, coulé avec les canons saisis en Espagne. Une date d'inauguration est même prévue, ce sera le 2 décembre 1811, jour anniversaire du sacre et occasion de célébrer l'arrivée, dans la capitale, des eaux de l'Ourcq par le canal Saint-Martin. Mais les travaux prennent du retard, ne commencent qu'en 1813, et lorsque l'empereur abdique en 1814, seul le socle circulaire est bâti. Il supporte un éléphant monumental en bois, ciment et carton-pâte, en attendant celui en bronze, qui ne viendra jamais.

Cette maquette à échelle 1 sera déposée et abandonnée dans un coin de la place durant des années. C'est dans l'antre de cet animal « morne, malade, croulant, [...] des crevasses lui lézarda[nt] le ventre, une patte lui sorta[nt] de la queue », que Victor Hugo loge le Gavroche des *Misérables*. Les restes de ce monument avorté seront définitivement démontés en 1831 – même si une estampe de Philippe Benoist de 1840 le montre droit sur ses pattes à côté de la Colonne de Juillet. Car, entre-temps, il y a eu la révolution de juillet 1830, et, c'est en mémoire de ses morts que sera érigée la Colonne que nous connaissons, sur le socle de l'éléphant qui a, lui, été conservé.

Pierre-François Palloy meurt de vieillesse le 19 janvier 1835. Il ne verra pas cette Colonne achevée en 1840 mais, jusqu'à la fin de sa vie, il entretiendra son mythe et sa fortune au gré des régimes. Il sut s'imposer, avec une assurance constante, jacobin, bonapartiste puis monarchiste. Cet homme put ainsi signer un discours, sous le règne de Charles X : Palloy royaliste patriote constitutionnel.

Cette ultime pirouette lui valut une nouvelle pension de 500 francs.

*

La révolution de Juillet passa un cap que celle de 1789 n'avait pas franchi et que dépasseront encore davantage 1848 et 1871. Chateaubriand relève ce point dans ses *Mémoires d'outre-tombe*: « Les enfants, intrépides parce qu'ils ignorent le danger, ont joué un triste rôle dans les trois journées. À l'abri de leur faiblesse, ils tiraient à bout portant sur les officiers qui se seraient déshonorés en les repoussant. Singes laids et étiolés, libertins avant le pouvoir de l'être, cruels et pervers, ces petits héros des trois journées se livraient à des assassinats avec tout l'abandon de l'innocence. »

Selon Henry de Montherlant, « l'enfance n'est pas innocente du mal mais innocente de la bêtise ».

*

Encore une anecdote sur Palloy, une parmi d'autres, tant cet homme craignait de ne pas être *sur la photo*. Au lendemain de l'exécution de Louis XVI, un certain Romeau publia un pamphlet intitulé *La Tête ou l'oreille*, dans lequel il proposait d'instaurer deux nouvelles fêtes républicaines: le 10 août, à l'occasion de laquelle on mangerait un dindon incarnant « l'imbécile parjure », et le 21 janvier, où l'on servirait une tête de cochon « en mémoire du jour heureux où celle du parjure Louis XVI tomba et nous délivra de sa triste présence ». La proposition ne fut pas suivie d'effet, hormis dans le ménage Palloy, semble-t-il, puisque l'année suivante, le citoyen-patriote invita Barras et les membres du Directoire à venir partager une tête de cochon farcie.

*

Le 14 juillet 1789, les bureaux de l'administration de la Bastille furent saccagés. Des centaines de liasses de papiers rejoignirent le mobilier dans des feux de joie et d'autres furent jetées dans les fossés qui bordaient l'édifice. Quelques-unes de ces liasses furent ramassées. C'est ainsi que l'on peut encore voir, à la bibliothèque de l'Arsenal, d'étranges compressions. Des paquets de feuilles ligotées, jaunies et grisâtres, collées entre elles par la boue des tranchées où ils furent trouvés. Sur certains, cette boue a également figé des plumes de pigeons ; elles sont identiques à celles d'aujourd'hui. Les pigeons parisiens se transmettent peut-être, comme nous le faisons, l'histoire de cette journée.

On lit, dans le *Journal* des Goncourt, cette définition : « Les révolutions, un simple déménagement ! Ce sont les corruptions, les passions, les ambitions, les bassesses d'une nation et d'un siècle qui changent tout simplement d'appartement avec de la casse et des frais. »

*

« Notre ville est ainsi, un visage mobile qui toujours se défait. » (Daniel Halévy)

*

L'île de la Cité est sans conteste le quartier le plus méconnaissable depuis les travaux haussmanniens, mais celui de la montagne Sainte-Geneviève a lui aussi été considérablement remanié. Durant le Second Empire et pendant plusieurs décennies après, on détruisit plus de quatre-vingts églises, chapelles, abbayes et couvents. Les percées des rues des Écoles, Monge et Gay-Lussac, ainsi que l'élargissement des rues du Petit-Pont, Saint-Jacques et de quelques autres ont entraîné la disparition de milliers d'immeubles, hôtels et vieilles maisons; mais comme l'écrit Henri Bachelin, « l'urbanisme et l'hygiène ont leurs raisons que le sentiment n'a pas à connaître ».

Depuis le XVe siècle, la Sorbonne a été reconstruite deux fois, son agrandissement au XIXe a entraîné la disparition de l'église Saint-Benoît-le-Bétourné et de son cimetière. Pour avoir une petite idée de l'atmosphère du quartier au XVIIe siècle, il faut se rendre du côté des rues de Lanneau et d'Écosse, réfugiées derrière le Collège de France. Les abords de l'Université étaient un coupe-gorge. Les rues modernes l'ont éventré et, depuis, les mœurs estudiantines se sont quelque peu adoucies. Le croisement de la rue des Écoles et du boulevard Saint-Germain était un dédale de venelles où les écoliers allaient boire et s'enfumer dans les tavernes de la Mule et du Château, si chères à Villon et Rabelais.

C'est rue d'Écosse qu'habitait Jaques Simon. En 1845, Privat d'Anglemont croqua le portrait de cet homme qui s'était rendu célèbre dans le quartier en exerçant le métier de « berger en chambre ». Dans ses mansardes du cinquième étage, il élevait une cinquantaine de chèvres.

André George écrit qu'à Paris, « le présent et le passé se bousculent étroitement. Rue Clovis, un immense immeuble moderne hisse ses balcons bétonnés sur la vénérable muraille de Philippe Auguste ; dans le lierre, les ronces et les arbres, les pierres noires de 1209, tolérées entre deux maisons, rampent sous les murs de 1935. L'abbaye Sainte-Geneviève de jadis, joyau, noyau de tout ce quartier, revit avec les parties anciennes du lycée Henri IV : tour mi-romane mi-ogivale, restes conventuels. En face, une délicate maison du XVIIIe siècle sert de presbytère à Saint-Étienne-du-Mont, après avoir logé le fils du Régent ; puis c'est l'église elle-même, si bizarre mais dont la bizarrerie ne frappe plus parce qu'on l'a toujours vue. Elle superpose les frontons et les siècles, accote une tourelle à son clocher, hésite sur l'orientation de sa nef, comme sur son style. Mais elle garde son jubé Renaissance, seule entre toutes les églises de la capitale, et plus de vitraux intacts qu'aucune autre ; Sainte-Geneviève, patronne de la ville, expulsée du Panthéon se réfugie à Saint-Étienne, où l'on révère sa châsse, où l'on célèbre sa fête neuf jours durant ; Saint-Étienne est encore la paroisse des Polytechniciens, et de tout un peuple d'universitaire ; n'est-ce point enfin la terre sacrée où l'on porta le corps de Pascal, plus tard celui de Racine à l'anéantissement de Port-Royal ! Saint-Étienne brûle ses cierges dans tout ce quartier vieillot ; il veille, il met une présence dans le vide inhumain, le froid interplanétaire du Panthéon et de la place ».

*

Paris a l'insigne honneur d'avoir été la première ville au monde à connaître des bombardements aériens ; distinction que nous devons à nos voisins Allemands (qui violèrent la convention de La Haye). Il était midi trente, le 30 août 1914, lorsque les promeneurs du bassin de La Villette virent se détacher sur le ciel bleu la silhouette d'un avion volant à basse altitude ; selon leurs dires, il faisant résonner dans l'air « un souffle d'orgue ». L'appareil survola le quartier en rase-motte jusqu'à la place de la République puis disparut dans les frondaisons de toitures et de cheminées du Xe arrondissement. À midi quarante, trois explosions retentirent. Beaucoup de bruit, autant d'agitation mais aucun blessé et peu de dégâts : seule la bordure du trottoir, face le 39 de la rue des Vinaigriers, fut emboutie. Des tracts frappés de l'aigle impérial furent également lancés pour prévenir les Parisiens de la suprématie militaire allemande. Manque de bol, ils loupèrent leur cible : il en fallait plus pour épater un Parigot de 14.

Ces bombinettes de deux kilos lâchées à la main ne causaient – pour le moment – que des cratères dans la chaussée, et la curiosité que représentait cette nouveauté venue du ciel prenait le pas sur le danger. Dès que le vrombissement des avions se faisait entendre au loin, la foule sortait pour les voir. Les images d'époque prouvent cet engouement et j'ai en tête une photo prise à la Concorde où, appuyés sur les balustrades de pierres qui encerclent la place, des badauds endimanchés – hommes, femmes, enfants et vieillards –, se tiennent en brochette le nez en l'air ; ils sont heureux et souriants. Le monde d'hier. L'historien de la guerre aérienne Jean Hallade raconte qu'à ce moment-là, « les Parisiens sont davantage dominés par la curiosité que par un sentiment de frayeur. Ils sortent armés de jumelles et s'installent sur les bancs des squares et des boulevards pour attendre les assaillants. On fait même mieux ! Les points élevés de Paris sont envahis et, sur la Butte de Montmartre, on loue des chaises et des longues-vues pour attendre l'apparition dans le ciel des Taubes quotidiens ».

La mort et les démolitions vont cependant vite faire comprendre aux Parisiens que le monde a changé d'ère. Fini la rigolade. Techniques et pilotes se perfectionnent rapidement et, quand une bombe frappe un immeuble, il s'écroule sur ses habitants ; quand elle explose dans la rue, elle mutile les passants. Puis les Taubes laissent place aux Zeppelin, superbes navires, ballons immenses et silencieux capables de larguer des dizaines de bombes à la fois. Les quartiers de Belleville et de Ménilmontant, de l'Hôtel de Ville et de Saint-Michel, et tant d'autres, en savent quelque chose.

Les articles de Maurice Demaison, publiés dans le *Journal des Débats*, témoignent de l'étrange atmosphère qui règne dans la capitale en 1914. « Le premier soir, vers cinq heures, les tramways s'arrêtèrent, les autobus s'évanouirent soudain ; tapissières, camions et voitures de maître, réquisitionnés par l'armée, allèrent se parquer sous les quinconces des Invalides ; il ne resta sur la chaussée que des taxis filant à toute vitesse et conduisant aux gares les militaires mobilisés. Point de chauffeurs pour les civils. Leur morgue dura cinq ou six jours ; puis ils s'humanisèrent et condescendirent à charger des bourgeois. Ensuite ce fut l'exode ; les familles, échouées parmi leurs paquets en détresse, se flattaient vainement d'aller à Montparnasse ; les chauffeurs passaient dédaigneux ; ils n'avaient de regard que pour les clients de luxe à qui l'on pouvait confier sur le ton du mystère qu'on avait un sauf-conduit “pour la province”. Les taxis redeviennent abordables, mais la demande se fait rare ; les tramways marchent, mais ils passent moins souvent et circulent moins tard ; au roulement continu, au fracas de tonnerre a succédé un silence rompu de temps à autre par l'appel d'une trompe ou le trot d'un cheval ; le silence est si profond qu'on entend au loin, à neuf heures et demie, sonner dans les casernes l'extinction des feux. [...] Dans ce calme inusité, on distingue des voix qu'on n'avait jamais entendues. Hors les habitants de la rive gauche et les voisins d'églises ou de couvents, qui se doute, à Paris, que des centaines de cloches sonnent chaque jour la messe et l'angélus ? Encore suffit-il d'une saute de vent pour que le bruit de la rue domine leur chanson assourdie. Nous entendons maintenant la voix de tous les clochers. Un des derniers soirs du mois d'août, un des plus beaux, mais aussi un des plus tristes, alors qu'on ne recevait que des nouvelles angoissantes, je passais les ponts de la Cité. Le soleil se couchait dans une gloire, bien loin derrière le Louvre ; à gauche, le dôme du Panthéon s'élevait avec une majesté romaine sur un ciel frangé d'or et de toutes parts résonnait l'angélus, à Notre-Dame, à Saint-Gervais, à Saint-Séverin, à Saint-Louis-en-l'Île. Nul bruit, nulle rumeur ne troublait la pureté de ce concert aérien ; la grande ville tumultueuse chantait comme un bourg d'Italie à l'heure de l'*Ave Maria.* »

Les bombardements de Paris prennent une tournure plus dramatique encore en 1918, avec l'entrée en action des Gotha G, bombardiers rapides pouvant charger jusqu'à une tonne de bombes. Dès janvier, dans la nuit du 11 au 12, le ministère de la Guerre, rue Saint-Dominique est touché, ainsi que le quartier Bolivar, dans le XIXe arrondissement. Le bilan est de 70 morts et 31 blessés. De janvier à septembre 1918, on dénombrera trente-trois raids aériens et 787 morts, sans compter les tirs et les victimes des *Pariser Kanonen*.

*

À l'instar des marins qui naviguaient sans compas, les pilotes des premiers bombardiers volant de nuit se repéraient aux étoiles et à la lune ; ils estimaient leurs cibles – plongées dans le noir –, à la moindre lueur diffusée par une fenêtre mal calfeutrée ou au rougeoiement d'une locomotive. Ils visaient à vue de nez puis bombardaient. Début 1918, le gouvernement et l'état-major français décident de mettre sur pied un dispositif antiaérien ingénieux : un leurre lumineux, un faux Paris qui, à quelques kilomètres de la capitale, mènerait les aviateurs déboussolés à larguer la mort en pleine campagne. Un seul homme était capable de créer cette bizarrerie de bon sens, Fernand Jacopozzi.

Cet ingénieur électricien de génie travailla pendant des mois pour édifier cette ville jumelle, ou presque. Loin d'un traitement façon France miniature, l'ensemble était une composition de planches, de bâches et de câbles électriques posés parfois à même le sol. Fait pour être vu de nuit et de haut, il n'était nullement question de reproduire les infrastructures et les monuments parisiens dans le détail de leur esthétique mais de reconstituer, de la manière la plus réaliste possible, leur implantation sur le terrain et leurs différentes sources lumineuses. Sur son plan, Jacopozzi découpe Paris et ses environs en trois zones représentant chacune un intérêt stratégique pour l'ennemi. Dans la zone A se trouvaient les gares de l'Est et du Nord ; dans la zone B le centre historique, de la gare Montparnasse au Trocadéro en passant par les Champs-Élysées ; et dans la zone C les grandes villes de banlieue où se concentraient les usines d'armement. Malgré ses efforts, l'efficacité de son ambitieux projet ne put jamais être prouvée : l'armistice vint l'interrompre alors qu'en septembre 1918 une *gare de l'Est* avec wagons et feux clignotants était enfin opérationnelle à l'Orme-de-Morlu, un champ près de Villepinte.

L'ingénieur fut cependant décoré de la Légion d'honneur et les années vingt le couronnèrent « roi de l'enseigne lumineuse ». C'est lui, qui, le premier, eut l'idée d'illuminer les monuments de la capitale et de faire des panneaux publicitaires monumentaux, scintillants ou animés, grâce à un système d'une sophistication révolutionnaire qui permettait de reproduire le mouvement d'une cascade d'eau ou de personnages fantaisistes avec des milliers d'ampoules colorées qui s'allumaient et s'éteignaient de façon parfaitement coordonnée. Cafés, théâtres, grands magasins, cinémas et brasseries s'arrachèrent ses talents. On venait du monde entier pour voir ses créations, et, durant des années, il concentra ses extravagances sur la Tour Eiffel. Fidèlement soutenu par son mécène, Monsieur Citroën – lui-même s'adjoignant la compagnie de Joséphine Baker pour les soirées d'inauguration –, le génial inventeur laissa courir son imagination, faisant disparaître la Dame de fer sous une débauche de motifs Art-déco ; ou « frappée de la foudre [elle] devient la proie des flammes » ; il la transforma aussi en thermomètre, « le plus grand du monde », avec une véritable gradation des températures… Mais Jacopozzi n'embrasa pas uniquement Paris. Il alla sortir de la nuit le château de Versailles, la ville de Rouen – à l'occasion des 500 ans de Jeanne d'Arc –, et jusqu'aux Gorges du Tarn, qu'il eut l'intelligence d'éclairer de différentes couleurs pour en faire ressortir les reliefs.

Son ultime folie fut pour l'Exposition coloniale de 1931, à l'occasion de laquelle il composa un Théâtre d'eau. Fernand Jacopozzi mourut prématurément en 1932. Nous ne saurons jamais ce qu'il aurait pu faire pour la Ligne Maginot.

*

Durant quatre ans de combats, la capitale vécut au rythme des informations venues du front et du décompte de ses morts mais résista fermement à la guerre psychologique menée parallèlement par les Allemands. Toutefois, début 1918, le moral des Parisiens fut sérieusement entamé lorsqu'entrèrent en action les *Pariser Kanonen*. Les premiers tirs eurent lieu le 23 mars ; durant sept heures d'affilées, la ville reçut un obus toutes les vingt minutes. On déplorera une quinzaine de morts et d'importants dégâts. Au stress du pilonnage s'ajouta l'angoisse de l'ignorance : on ne savait pas quelle était la nature de cette arme d'une puissance inédite, ni son emplacement ; était-elle terrestre ou aérienne ? Plus de vingt-quatre heures furent nécessaires pour l'identifier. Paris était attaquée par des monstres d'acier de 36 mètres de long, des canons géants sortis des usines Krupp (reconverties depuis dans les sèche-linges et les machines à café), plantés dans l'Aisne, du côté de la forêt de Saint-Gobain, à 120 kilomètres de Paris. Ils serviront avec acharnement jusqu'au mois d'août, faisant 256 morts et 620 blessés.

La frappe la plus meurtrière, le 29 mars, visa le quartier de l'église Saint-Gervais – la paroisse des Couperin. Le 23, déjà, l'immeuble du 68 de la rue François-Miron avait été bombardé. Le 29 était un vendredi saint, les fidèles étaient nombreux et ce fut sur eux que s'effondra la voûte de la nef. Bilan : 91 morts et 68 blessés.

Le témoignage de Léon Daudet, qui est alors à Notre-Dame-des-Victoires, prouve la puissance du bombardement : « Soudain, la commotion formidable d'un éclatement, répercuté par des voûtes sonores, ébranla toute l'église, ses chapelles, la statue. On eût cru qu'un tremblement du ciel venait de se produire, tout près de là et qu'il allait se propager et nous engloutir. L'image de la mort, de l'anéantissement, apparut au sommet d'ondes tourbillonnantes, comparables au fracas de cent, mille tonnerres, suivis de grondements et de roulements affreux. C'était l'écroulement de la toiture de Saint-Gervais, sous le choc d'un obus allemand. »

*

Comme dit la chanson, on n'oublie rien, de rien, on s'habitue, c'est tout.

*

Le 20 avril 1944, l'aviation alliée lança sur Paris l'un des plus violents bombardements de son histoire, il dura de 23 heures à 2 heures du matin. L'objectif était de paralyser le trafic allemand et les cibles furent les gares de marchandises de La Chapelle, les ateliers du chemin de fer du Nord et les chantiers de la RATP. L'extrémité de la rue des Poissonniers fut cependant réduite à l'état de ruines et, dans l'ensemble du XVIIIe arrondissement, il y eut 15 000 sinistrés – qui, plus tard, seraient relogés en banlieue. Cette opération aérienne fit 150 morts et plus de 500 blessés.

Le 26 août 1944, au lendemain de la libération de Paris, une centaine de bombardiers de la Luffewaffe traversa le ciel de la capitale vers 23 heures. Le raid fit 110 morts et plus de 700 blessés. Selon un rapport allemand, ces appareils avaient pour mission de couper des voies d'approvisionnement, Sceaux, Montrouge, Châtenay-Malabry, Villacoublay. Leurs bombes incendiaires et explosives touchèrent pourtant la Halle aux vins (l'actuelle fac de Jussieu), les quartiers du Marais, des Buttes-Chaumont, de la Bastille, de Mouffetard et de la place d'Italie, ainsi que l'hôpital Bichat, les portes d'Ivry, de Vitry et de Montreuil. En banlieue, les villes de Saint-Maur, de Bagnolet, de Pantin, de Bourg-la-Reine et de Charenton furent aussi visées.

On dit que la DCA américaine, qui n'aurait pas été prévenue à temps, n'était pas prête à tirer.

*

Le général Dietrich von Choltitz, nommé gouverneur militaire du *Groß Paris* le 7 août 1944, négocie sa reddition le 25 août. Il a le temps de faire arrêter et fusiller des dizaines de Résistants de tous âges et parfois très jeunes, et de façonner sa légende pour échapper lui-même au peloton d'exécution. Ce criminel de guerre, notoirement connu pour sa barbarie à Rotterdam et dans les pays de l'Est, est précisément nommé à Paris par Hitler pour sa brutalité et sa capacité à superviser les pires exactions, ainsi qu'à y participer. Son ordre de mission est de mater, par tous les moyens, les poches insurrectionnelles qui se multiplient à l'approche des troupes françaises et alliées. Il y aura de violents combats ce 25 août, les nombreuses plaques, sur tant d'immeubles et dans tant de rues qui rendent hommage à de jeunes héros « mort ici » ou « tombé à cet endroit » en témoignent.

Le général allemand réussira à faire croire que c'est lui qui ordonna le cessez-le-feu, et que, lui encore, sauva Paris de la destruction en refusant de faire sauter ses monuments, ses musées, ses ponts, ses égouts et ses réservoirs d'eau.

En réalité, seuls quelques ponts étaient minés. Ce n'est pas que M. von Choltitz voulait éviter de détruire Paris, c'est qu'il n'en avait plus les moyens. Arrêté en 1945, il fut libéré dès 1947 et mourut chez lui, à Baden-Baden, en 1966.

Dans l'un de ses livres de mémoires de guerre, Sven Hassel, Danois engagé dans les Panzer, estime qu'« aucun général ne devient célèbre pour avoir sauvé d'une exécution un gamin de douze ans. On le devient au contraire si l'on peut convaincre la postérité que vous avez sauvé une ville de la destruction ».

*

Le destin, qui semble, d'une main, s'acharner sur Paris avec malice, et, de l'autre, tout faire pour la sauver, nous envoya au début du XXe siècle son ange exterminateur. Il prit les traits d'un Suisse venu de La Chaux-de-Fonds, répondant au doux nom de Charles-Edouard Jeanneret-Gris, plus connu sous son pseudo, Le Corbusier. Cet architecte ambitieux et obsessionnel chercha, sa vie durant, à raser Paris pour la reconstruire selon ses propres canons.

Affichant sans complexe un mépris pour l'héritage du Temps, hermétique au fait qu'« en Occident, la culture roule dans un vieux sang millénaire et chaque parcelle humaine est à son insu imbibée par une culture ininterrompue depuis des dizaines de siècles » – comme l'écrit si justement Élisabeth de Gramont –, il estimait que les quartiers anciens n'étaient que des « quartiers pourris », et que les « très jolis fers forgés, il y en a, en vérité, très peu », pouvaient être distribués « entre ceux qui les aiment tant ». Et s'il regrettait la disparition de la Galerie des Machines de l'Expo de 1889, c'était parce que le vide découvrait « l'indigence de l'architecture de l'École Militaire : un assassinat pour exhiber un revenant ».

Sa réflexion constante et équitablement nourrie par l'humanisme et par la rationalité, devait l'amener, espérait-il, à créer l'homme nouveau, le fruit de sa ville nouvelle.

Sa cogitation lui permit de produire, de 1922 à 1945, une série d'ébauches d'un Paris sur Paris, d'un Paris sans Paris, que nous connaissons sous l'appellation de *Plan Voisin*, du nom de l'industriel qui finança ses travaux à partir de 1925. On retient notamment son souhait d'établir Rive droite, à la hauteur de l'île de la Cité, une « cité des affaires », ainsi qu'un ensemble de dix-huit gratte-ciel pour loger environ 500 000 personnes. Tout cela à l'emplacement du Marais, des Halles, des Boulevards, etc., mais, bon seigneur, il épargnait Notre-Dame, le Louvre et le Palais-Royal. Lui qui œuvrait pour le bien de l'humanité ne reçut de sa part que l'ingratitude qui la caractérise. Cela ne le découragea pas pour autant et, en 1961, il proposa un programme plus modeste mais toujours ambitieux : raser uniquement la gare d'Orsay pour en édifier une nouvelle et dans l'air du temps. Cette barre de béton colossale aurait hébergé, outre les voies ferrées en sous-sol, un hôtel, un palais des congrès et des bureaux – l'actuelle gare Montparnasse posée quai Voltaire, en somme –, et aurait plongé dans le noir, selon les heures de la journée, la Rive gauche ou la Rive droite. André Malraux, qui admirait davantage le penseur que l'architecte – il lui dédiera un livre, *Les Plans Le Corbusier de Paris-1956-1922* –, déclarera que « dans notre civilisation, l'avenir ne s'oppose pas au passé, il le ressuscite. En architecture, un chef-d'œuvre isolé risque d'être un chef-d'œuvre mort », et concernant les quais, ils sont « les décors privilégiés d'un rêve que Paris dispensa au monde, et nous voulons protéger ces décors à l'égal de nos monuments ». Est-ce un hasard si la fameuse loi Malraux fut votée en 1962 ?

Ne pouvant reconstruire Paris (qui ne fut pas détruite) sur le modèle des cités nouvelles (qui, elles, étaient à construire), Le Corbusier alla se défouler dans la banlieue de Marseille et en Inde où, là, tout était à faire.

Cet arasement idéologique se doublait cependant d'une extraordinaire vision des intérieurs, de l'aménagement des espaces, de l'étude approfondie des mouvements de l'individu et des proportions qui doivent les servir. Le *Modulor* est un grand livre, et, si éloigné qu'on peut l'être de son esthétique, lorsqu'on est dans l'appartement-atelier de Le Corbusier – rue Nungesser et Coli, dans le XVIe – on se sent bien.

*

En décembre 1987, le Prince Charles fut l'invité du dîner annuel de l'association des promoteurs immobiliers britanniques. Devant un parterre de capitaines d'industrie, d'urbanistes et d'architectes, il déclara : « Vous avez fait plus de dégâts à Londres que les bombardiers de la Luftwaffe pendant le Blitz. Lorsque la Luftwaffe a écrasé nos immeubles sous les bombes, elle ne les a pas remplacés par des choses plus choquantes que les gravats. Eh bien, vous, si ! »

*

Paris eut à subir de grands chantiers royaux aux cours des siècles, tous remarquables mais cosmétiques aux vues des besoins du grand corps qu'est cette grande ville, et l'on se contenta, longtemps, d'orner de mouches, de pendants d'oreilles, de diadèmes et de fard à paupières ce beau visage encadré par les boucles de la Seine. À force d'attendre, s'imposa un jour la Grande opération et tout fut entrepris en même temps : dialyses, amputations, liftings, perfusions, transplantations, injections, greffes et implants.

Les chirurgiens s'appelaient Napoléon III, Deschamps, Haussmann, Hittorff, Percier, Garnier, Fontaine, Pereire, Visconti… Leurs diagnostics étaient justes et leurs gestes sûrs, et s'ils laissèrent quelques cicatrices, ils sauvèrent Paris.

Comme le dit le second empereur : « Il fallait le faire, ce fut fait. »

Mais ce n'était pas fini.

Après avoir attendu que les cendres de la Commune soient bien refroidies, la République – qui s'essayait pour la troisième fois aux destinées de l'État – poursuivit les chantiers qui devaient modeler la ville que nous connaissons. Avec la même détermination que celle du petit-neveu de Napoléon, les élus du peuple rasèrent églises, chapelles, immeubles, hôtels et maisons jusqu'aux années 1930 ; curieusement, personne ne semble le leur reprocher.

*

En 1930, Evelyn Waugh estimait, dans *Bagages enregistrés*, que « la caractéristique de Paris ce n'est pas tant l'étendue – bien qu'elle soit considérable – que l'étonnante variété de sa réputation. On lui a collé tant d'images publiques successives qu'elle en est venue à ressembler à ces vieilles maisons délabrées que l'on voit parfois en cours de démolition, dont la carcasse s'écroulerait si les murs n'étaient tenus par de solides épaisseurs de papiers peints ».

Quelques décennies auparavant, un autre Anglo-saxon – américain celui-là –, posa son regard sur cette ville en mutation. Si Henry James se méfiait de la France, il voyait en

Paris « la plus brillante des capitales » et y séjourna à plusieurs reprises durant les années 1870 et 1880. Il put tout voir, tout goûter et tout rencontrer, mais l'on sent de la retenue sous la plume de l'étranger qui s'est laissé éblouir ; ne pas louer l'émulation artistique, l'hystérie politique et la frénésie de nouveautés dont se nourrissait une IIIe République en pleine croissance. James reconnut cependant qu'« aucun Américain, à coup sûr, depuis qu'il y a des Américains, ne va à Paris qu'une seule fois, et c'est lorsqu'il retourne avidement, inévitablement, fatalement, que son sentiment des choses parisiennes devient suprêmement aigu ». Ne le contredisons pas, il dit aussi dans ses *Esquisses parisiennes* que l'Opéra Garnier n'est « pas beau »...

Regrettons, en revanche, que les écrits de cet Américain si lucide ne permettent pas de répondre à cette question intemporelle : pour quelle raison un Américain à Paris restera toujours, quoi qu'il fasse, un Américain à Paris ?

Dans *Jours tranquilles à Clichy*, Henry Miller se souvient que « Paris, la nuit, semble s'agrandir. La lumière venant d'en haut s'adoucit et par là même minimise le côté cruel et sordide des rues ».

*

Mot adressé par Fontenelle au chef de Mme du Deffand : « Entre la Brinvilliers et une cuisinière américaine, il n'y a de différence que dans l'intention. »

En 1935, Élisabeth de Gramont déplore : « Hélas ! je n'ai pas rencontré Arnold Bennett, le grand romancier anglais qui vient de mourir des suites d'une intoxication due à des huîtres et des crabes dégustés à Paris. »

*

Rêve fait la nuit dernière. Je marche boulevard Saint-Michel, dans sa partie haute, celle qui longe les grilles du Luxembourg en direction de Port-Royal. Il fait beau. La circulation a été coupée pour que s'étale sur la chaussée une sorte de grande brocante. Il y a beaucoup de stands, certains sont à même le trottoir, mais il n'y a personne, ni marchands ni promeneurs ; je suis seul. Ce qui me surprend, cependant, c'est ce qu'on y vend : uniquement des maisons de poupées et leurs accessoires. Certains proposent exclusivement de la vaisselle de dînette, d'autres du mobilier miniature. Les tables sont à hauteur d'enfant et, comme j'avance à grands pas, je finis par ne plus distinguer le détail de ce qui est exposé. Tout se floute dans une couleur de poussière de tasses et de liserés dorés.

*

Une ville change, se bâtit et s'effondre, se reconstruit sur ses ruines ou oublie le moindre moellon d'antan pour se présenter, proprette et déjà dépassée, devant l'avenir qu'elle veut prometteur. Mais même ainsi apprêtée, elle ne peut effacer le souvenir de ce qu'elle fut.

Dans ses *Rêveries*, Rousseau raconte sa promenade du jeudi 24 octobre 1776. « Je suivis après dîner les boulevards jusqu'à la rue du Chemin-Vert, par laquelle je gagnais les hauteurs de Ménilmontant, et de là, prenant les sentiers à travers les vignes et les prairies, je traversai jusqu'à la rue de Charonne le riant paysage qui sépare ces deux villages ; puis je fis détour pour revenir par les mêmes prairies, en prenant un autre chemin. Je m'amusais à les parcourir avec ce plaisir et cet intérêt que m'ont toujours donné les sites agréables, et m'arrêtant quelques fois à fixer des plantes dans la verdure. [...] Depuis quelques jours, on avait achevé la vendange ; les promeneurs de la ville s'étaient déjà retirés ; les paysans aussi quittaient les champs jusqu'aux travaux d'hiver. La campagne, encore verte et riante, mais défeuillée en partie, et déjà presque déserte, offrait partout l'image de la solitude et des approches de l'hiver. Il résultait de son aspect un mélange d'impression douce et triste. »

Rousseau parle de « désert d'hommes » en évoquant Paris à l'époque où l'on ne recensait que cinq ou six mille âmes. C'était alors une ville de province divisée en paroisses où tout le monde se connaissait, où chacun faisait partie d'une corporation et vivait sa vie entière dans son quartier.

À son apogée, Athènes n'avait pas plus de cinquante mille habitants.

Et Aristote estimait qu'une ville où l'on ne compte que dix mille personnes est à la juste mesure de l'homme.

Dans *Chemins et parchemins de Paris*, Albert Fournier estime que « non seulement le progrès a tué le commerce des gagne-petit, mais les champs et les vignobles de Charonne évoqués dans les plus jolies pages de Jean-Jacques ont été morcelés à l'infini. Les châteaux sont démolis, les parcs saccagés, les bois abattus, et sur l'emplacement des champs de fleurs, des jardins potagers et des terres vinicoles, s'élèvent des usines et des maisons d'habitation dans le plus grand désordre architectural. Personne ne sut faire le moindre aménagement à la zone immense que Paris devait absorber, au temps où Haussmann, préoccupé du "plan d'ensemble de Paris", fit tracer ses boulevards en ligne droite, ce qui entraîna la démolition de plus de deux mille maisons, et l'expulsion de vingt-cinq mille ouvriers contraints d'abandonner le centre de la ville pour les quartiers périphériques».

Le même écrivait, en 1952, que Paris est «la seule ville au monde où l'on peut se passer de bonheur».

*

À lire en fredonnant

Mais Montmartre semble disparaître
Car déjà de saison en saison
Des Abbesses à la place du Tertre
On démolit nos vieilles maisons,
Sur les terrains vagues de la Butte
De grandes banques naîtront bientôt
Où ferez-vous alors vos culbutes?
Vous les pauvres gosses à Poulbot.
En regrettant le temps jadis
Nous chanterons pensant à Salis
Montmartre ton De Profundis*.

*

* *Où est-il donc?*, chanson interprétée par Fréhel en 1936 dans *Pépé le Moko*, film de Julien Duvivier.

En 1845, on écrivait que Montmartre avait cessé d'être « une butte minée par les fondrières, dominée seulement par ses moulins à vent et leurs portefaix quadrupèdes, consommateurs de ses chardons. Montmartre, dans ce moment même, voit ses cavités comblées, et de larges rues aérées, tracées sur des pentes insensibles, traversent son terrain ». La Butte, qui comptait moins de 7 000 âmes vers 1840, en recensa près de 50 000 en 1860.

*

Aernout van Buchel, jeune étudiant hollandais venu à Paris en 1585 pour affiner ses connaissances des ruines et des inscriptions antiques avant un séjour en Italie – où il répertoria les vestiges romains –, note dans son journal, *Commentarius rerum quotidianarum* (« Commentaire des choses quotidiennes »), que le quartier de la Roquette est une « région très plaisante et fort appréciée ». Parmi ses splendides demeures se trouvait le château du comte de Cheverny où résidèrent fréquemment Henri II, Henri III et Henri IV. C'est là que, le 5 mai 1588, Henri III faillit être enlevé par la duchesse de Montpensier qui voulait lui couper les cheveux, comme on le faisait aux rois fainéants. Du château lui-même, nous ne savons pas grand-chose, il n'en existe aucune image et ses visiteurs l'ont seulement qualifié de « magnifique » et « bâti à l'italienne ». Ce sont vraisemblablement ses jardins plantés d'essences rares, avec de subtils jeux de fontaines, qui faisaient l'admiration de tous. Selon Ronsard, habitué des lieux, « son air et ses eaux sont les meilleurs de France ».

Le château fut acheté par les religieuses hospitalières de la Charité Notre-Dame en 1630, le couvent fut liquidé en 1790 et ses murs convertis en bien national. Une filature vint s'y installer sous l'Empire avant que l'ensemble soit rasé pour lotir le quartier.

*

Pierres de jour pierres de nuit
Pierres qui tombent dans les puits
Pierres des eaux pierres des morts
Pierres pour qu'on se remémore
Pierres sans cœur pierres qui tuent
Pierres aveugles des statues
Pierres des murs pierres des mers
Pierres devant le victimaire
Pierres sur qui l'amant écrit
Faites pour les idolâtries
Pierres d'église ou de théâtre
Bornes des champs dalles de l'âtre
Pierres sans rime ni raison
Pierres muettes des maisons
Traces d'époques incertaines
Margelles noires des fontaines
Pierres qui s'usent aux genoux
Les pierres n'ont peur que de nous*

---

* Louis Aragon, *Pierres, Le Nouveau Crève-cœur.*

VOIR MOURIR

Aujourd'hui il faut en finir.

MOT D'ORDRE DU 2 SEPTEMBRE 1792.

Il fut toujours offert aux Parisiens de mourir dans leur ville, fiévreux dans un lit, poignardés en pleine rue ou torturés sur un échafaud. Leur reliquaire, l'ossuaire des Catacombes, est là pour nous le rappeler. *Memento mori.* Il se dégage cependant de ce cabinet macabre hors de toute proportion, avec ses millions de crânes et d'ossements empilés, l'inquiétante beauté de la désincarnation : ce ne sont plus des restes d'humains qui furent vivants que nous voyons, mais des éléments décoratifs qui démontrent que l'on peut faire autre chose avec de l'os que des pointes de flèches ou des manches à couteaux (Nadar n'y voyait qu'une « mine sans fin de phosphate de chaux et de nitrate de potasse »). L'œuvre de Charles-Axel Guillaumot, inspecteur des Carrières de Paris de 1777 à 1807, annihile la confrontation directe avec la mort telle qu'on l'éprouve dans la crypte des Capucins de Palerme. Ici, nul tête-à-tête implacable, nulle chair parcheminée, nulle grimace de l'au-delà. Cette composition un brin lugubre est plaisante au regard – comme ces massacres de bois de cerfs qui ornent les relais de chasse en Bavière –, mais donne la curieuse impression que l'on meurt beaucoup à Paris ; pour ne pas dire massivement.

Et ce fut le cas. Des rues étroites, une hygiène relative et une santé faiblarde due à une alimentation aléatoire facilitèrent la propagation des épidémies, des fléaux au fil des siècles. L'auteur anonyme de la *Chronique parisienne*, tenue de 1316 à 1339, mentionne que les récoltes désastreuses entre 1315 et 1317 engendrèrent une telle hausse des prix que les plus pauvres mouraient d'inanition « par rues et par places ». En 1323, il constata « par le royaume de France et spécialement à Paris si grande multitude de gens malades, et tant en moururent, que chacun en était ébahi ». Idem en février 1328, après une éclipse de Lune, « à Paris, une très grande mortalité de malades, pauvres et riches, ensuivit ». Malgré les bonnes récoltes de 1334, l'Île-de-France fut décimée, et le sera une nouvelle fois durant l'hiver 1340. Mais le pire restait à venir avec les vagues successives de peste noire. La Grande Peste de 1348 fit en dix-huit mois entre cinquante mille et quatre-vingt mille morts (un quart de la population de la capitale) ; durant l'épidémie de 1366-1368, l'Hôtel-Dieu enregistra vingt-deux mille cinq cents décès et on en dénombra quarante-cinq mille en 1438. Les symptômes étaient ceux que décrits Boccace dans le *Décaméron* : « Chez nous, au début de l'épidémie, et qu'il s'agit des hommes ou des femmes, certaines enflures se produisaient à l'aine ou sous l'aisselle : les unes devenaient grosses comme des pommes ordinaires, d'autres comme un œuf, d'autres un peu plus ou un peu moins. On les appelait vulgairement bubons. [...] Après quoi le symptôme du mal se transforma en taches noires ou livides qui, sur beaucoup, se montraient aux bras, aux cuisses et en tout autre point, tantôt grandes et espacées, tantôt serrées et menues. [...] Quant au traitement de la maladie, il n'était point d'ordonnance médicale ou de remède efficace qui pût amener la guérison ou procurer quelque allègement. [...] Les guérisons étaient rares, et, dans les trois jours qui suivaient l'apparition des symptômes déjà signalés, et plus ou moins vite selon le cas, mais généralement sans fièvre et sans autre trouble apparent, presque tous les gens atteints décédaient. L'intensité de l'épidémie s'accrut du fait que les malades, par leur commerce journalier, contaminaient les individus encore sains. »

En 1832, l'apparition de l'exotique choléra – en provenance du Bengale – sème la panique. Il emporte en six mois plus de seize mille cinq cents Parisiens dont le chef du gouvernement, Casimir Perier. Les premiers cas signalés en mars n'ont pourtant pas entamé la bonhommie populaire. Présent dans la ville, Henri Heine écrit : « Son arrivée fut officiellement notifiée le 29 mars, et comme c'était le jour de la mi-carême, qu'il faisait beau soleil et un temps charmant, les Parisiens se trémoussaient avec d'autant plus de jovialité sur les boulevards, où l'on aperçut même des masques parodiant la couleur maladive et la figure défaite, raillaient la crainte du choléra, et la maladie elle-même. Le soir du même jour, les bals publics furent plus fréquentés que jamais : on s'échauffait beaucoup au chahut, danse plus équivoque ; on engloutissait toutes sortes de glaces et de boissons froides quand tout à coup, le plus sémillant des arlequins sentit trop de fraîcheur dans ses jambes, ôta son masque, et découvrit à l'étonnement de tout le monde un visage bleu violet. On s'aperçut tout d'abord que ce n'était pas une plaisanterie, et les rires se turent, et l'on conduisit bientôt plusieurs voitures de masques du bal immédiatement à l'Hôtel-Dieu où, en arrivant sous leurs burlesques déguisements, le plus grand nombre moururent. [...] On prétend que ces morts furent enterrés si vite qu'on ne prit pas le temps de les dépouiller des livrées bariolées de la folie, et qu'ils reposent dans la tombe gaiement comme ils ont vécu. »

Dans ses *Mémoires*, Louis-Désiré Véron, qui est alors directeur de l'Opéra de Paris, raconte que « le 7 avril 1832, comme un changement à vue, la désolation remplaça l'ivresse de la prospérité. J'avais affiché pour ce soir-là une représentation de *Robert le Diable* ; dès la veille, 6000 francs de location annonçaient la foule pour le lendemain ; le 7 avril au matin, la foule se pressait à nouveau, mais cette fois pour redemander son argent : le choléra venait d'éclater à Paris [...]. C'était un sauve-qui-peut, pour le public comme pour les artistes. MM. Nourrit, Levasseur, Mme Damoreau et Mlle Taglioni prirent leurs congés de trois mois ; ils furent engagés au grand théâtre de Londres où le choléra avait cessé ». L'affolement de 1832 n'accompagnera pas le retour de l'épidémie en 1849, malgré le décès de dix-neuf mille Parisiens. Le typhus sera plus tard apporté dans les bagages de l'exode rural, dans les années 1890, et alors que l'Europe est encore plongée dans l'horreur inconcevable de la Grande guerre, la Grippe espagnole, en 1918, fauchera près de dix mille âmes de la capitale. La coqueluche et la tuberculose sauront, ensuite, occuper les organismes fragiles jusqu'au milieu du siècle.

Hormis ces hécatombes et les coups de dagues qui animèrent quelques siècles d'actualité politique, les tueries de masse furent plutôt rares. La ville ne connut *que* les violences inouïes de la Saint-Barthélemy, le 24 août 1572, au cours de laquelle près de 3 000 Protestants furent assassinés ; les lynchages de plus de 1 300 prisonniers durant les massacres de septembre 1792 ; les charrettes de la terreur révolutionnaire qui envoyèrent, à partir de 1793, quelque 3 000 têtes à l'échafaud ; la révolte ouvrière de juin 1848 (réprimée par la République) qui fit 5 600 morts – 4 000 insurgés, 1 600 soldats et policiers ; et les morts de la Commune, en 1871, qui seraient environ 20 000. Aussi, les deux ou trois millions de Parisiens qui gavèrent la terre du cimetière des Innocents jusqu'en 1780 succombèrent, pour la plupart, à une mort naturelle.

*

Cela faisait mille ans que cette parcelle de cent vingt mètres sur soixante de côté, au cœur de Paris, accueillait les restes des trépassés. Il y en eut toujours beaucoup mais à la fin du XVIIIe siècle il y en eut vraiment trop. À force d'y entasser des générations, ce petit terrain réputé pour être un « mange-chair » s'élevait à deux mètres au-dessus des rues environnantes, ses fosses communes déversaient leurs cadavres frais ou anciens dans les caves des immeubles voisins et ses émanations fétides provoquaient des maladies de peau. En un mot, l'air y était irrespirable. Traversant ce charnier où les « chiens viennent quelques fois ronger les ossements », Voltaire décrit « une vapeur épaisse, cadavéreuse, infectée [qui] s'en exhale ; elle est pestilentielle dans les chaleurs de l'été après les pluies ». Cela n'empêche pas la vie d'y fleurir. Entre les tombes affaissées, parmi des bouts de bras ou de jambes recrachés par un sol saturé et les animaux errants, on mange et on boit, les commerçants du marché vendent leurs marchandises et les prostituées la leur. Les corps de la noblesse ont le privilège d'être empilés le long des murs qui enclosent ce sabbat. Dans son testament, la comtesse de Mailly, l'une des favorites de Louis XV, précise où elle veut être enterrée : « exactement sous l'égout des gouttières des voûtes, du côté de la place aux chats. »

Le Charnier de l'église Saint-Séverin, avec ses niches aux allures de chapelles, est le dernier que nous pouvons encore voir ; il ressemble à celui des Innocents qui était bien plus grand. Il comptait environ vingt-cinq arcades dans sa longueur et quinze dans sa largueur ; au-dessus s'étendaient de vastes galeries ou greniers dans lesquels on rangeait les os comme dans les Catacombes. Les fossoyeurs les disposaient selon leurs humeurs et leurs caprices, pour amuser ou effrayer les passants ; autrement dit, ils jouaient avec. En dessous, le long des Charniers, les tombeaux se pressaient de toutes parts, suspendus à la voûte, attachés aux parois, scellés dans le pavé, et, partout, des épitaphes, des plaques, des sculptures et des peintures.

Ce n'est qu'en 1780 que le Parlement de Paris entend la colère des riverains – qui s'exprimait depuis 1554 – et décrète, le 4 septembre, l'interdiction d'inhumer. Il faut ensuite faire place nette. La démolition des chapelles et arcades du cimetière des Innocents débute en 1785 et le transfert des ossements vers les carrières de la Tombe-Issoire, Rive gauche – devenues Catacombes –, l'année suivante. Ce déménagement de Parisiens en morceaux, effectué nuitamment, prendra deux ans – et sera suivi par d'autres, venus d'autres cimetières, Paris en compte alors des dizaines. Le premier convoi funéraire s'ébranle dans la nuit du 7 avril 1786. Dans *Le XIXe siècle à travers les âges*, Philippe Muray estime que cette procession a été le véritable coup d'envoi de la Révolution de 1789. La prise de conscience qu'il n'est ni bon ni sain de vivre parmi des morts ensevelis est une conception inédite de l'être humain ; et cette vision nouvelle du monde, celle des Lumières, est bien plus forte que l'assaut de la Bastille. « Que l'innocence et le déchet deviennent éloignables l'un de l'autre. Qu'on les divorce. Visiblement. Que le mot innocence soudain prenne sa consistance d'innocence, se transforme en une petite bête décollable, isolable de la réalité de la mort. [...] Le non-dit philanthropique : les enfants qui ne doivent plus jouer à l'endroit où les morts reposent ; les putes qui ne doivent plus chasser à l'endroit où les enfants jouent ; les coïts qui doivent cesser là où ne cesse de grossir le charnier. Respect au corps, à l'innocence, respect à la fusion de l'amour, respect à l'éternel repos. Respect à la mort naguère provisoire qui peu à peu devient l'infini et l'éternité mêmes, c'est-à-dire va remplacer Dieu. »

En 1532, dans *Pantagruel*, Rabelais écrit que Paris est « une bonne ville pour vivre, mais non pour mourir ; car les guenaulx [les gueux] de Sainct Innocent se chauffouyent le cul des ossements des morts ».

Et pendant le siège de Paris par le roi de Navarre, en 1590, les Parisiens affamés ramassèrent les ossements du cimetière pour en faire de la farine.

*

7 avril 1786, 7 avril 1832… Le 7 avril de l'an 30 Jésus-Christ était crucifié à Jérusalem ; et le 7 avril 451 Attila pillait la ville de Metz. Le 7 avril 1614 mourait à Tolède El Greco et le 7 avril 1679, une Chambre ardente était établie à Paris pour instruire l'affaire Brinvilliers qui empoisonnait Versailles. Le 7 avril 1919 naissait Jackie Sardou, et moi-même arrivai en ce monde le 7 avril 1981. Dans le calendrier républicain, ce 18e jour du mois de Germinal est appelé *jour de la Ciguë.*

*

Le pouvoir royal a toujours rappelé aux écervelés le cousinage qui unit intimement la vie à la mort. Pour ceux qui en doutaient, et pour prouver aux voleurs et aux assassins qu'ils empruntaient le mauvais chemin, « les Fourches de la grande Justice de Paris » plantèrent dans le paysage de la capitale la silhouette du gibet de Montfaucon. Située en haut d'une butte de l'actuel Xe arrondissement, sur le tracé de la rue de la Grange-aux-Belles, entre le canal Saint-Martin et la place du Colonel-Fabien, cette construction en pierres de taille était visible de loin. Sa base mesurait quatorze mètres sur dix et ses seize piliers s'élevaient à seize mètres de haut. Des poutres en bois étaient posées en traverse sur deux, trois ou quatre niveaux, ce qui permettait d'exposer à la vue et aux corbeaux jusqu'à cinquante corps de suppliciés. Si certains étaient pendus sur place après la périlleuse ascension – si j'ose dire – d'une haute échelle qu'il fallait gravir en marche arrière, la plupart des dépouilles suspendues provenaient de divers lieux d'exécutions – jusqu'à la fin du XVIIIe siècle, la ville en comptait plusieurs dans différents quartiers. Mis à mort avant ou après avoir été savamment mutilés par le bourreau, les condamnés arrivaient entiers ou en parties éparses. Les décapités étaient accrochés par les bras, et les restes des plus malchanceux étaient fourrés dans un sac qu'on hissait sur les hauteurs de ce portique. Cet étonnant spectacle anima les dimanches de kermesse et autres jours ordinaires du XIIIe au XVIIe siècle. Vers 1460, François Villon le décrit dans *La Ballade des pendus* et, dans les mêmes années, Jean Fouquet le représente dans une enluminure des *Grandes Chroniques de France*. La Révolution fit disparaître ce qui restait de ces hideux vestiges.

En 1954, des travaux aux abords du canal mirent au jour un bout de potence, des morceaux de pierre, de moellon et quelques ossements ; ceux d'une femme.

La place de l'Estrapade, dans le Ve, tient son nom d'un supplice très prisé du public jusqu'à la fin du XVIIe siècle. À l'emplacement de la fontaine et des jardinières actuelles, sur les pavés où débordent aux beaux jours les tables des bistrots alentours, se dressait un mât d'une dizaine de mètres. Estrapader consistait à hisser quelqu'un (généralement un soldat déserteur) par les bras – accrochés à une barre passée sous les aisselles – jusqu'au haut, puis à relâcher la corde jusqu'à une courte distance du sol ; tout simplement. L'opération était répétée jusqu'à ce que le condamné soit disloqué ou brisé à mort.

Sur cette place se trouvait un cadran solaire, au sommet d'une maison, qui portait cette devise : UNAM SPERA, espère une heure.

Les lieux d'exécution étaient nombreux. Outre la place de Grève (Hôtel de Ville), Robert Anchel, dans *Crimes et châtiments au XVIIIe siècle*, recense notamment la Croix-du-Trahoir, près du Palais de Justice, le carrefour de la Croix-Rouge, la Croix-des-Petits-Champs, les places Saint-Michel et Maubert, le quai d'Orléans, la place Dauphine, le carrefour Buci, les portes Saint-Antoine, Saint-Martin et Saint-Denis, la barrière du Trône (Nation), la place de la Bastille… Le choix de l'emplacement était déterminé par le désir de rapprocher le lieu d'expiation de celui du délit, aussi y en avait-il un peu partout. Mais Anchel relève que « les gens d'alors ne se détournaient pas pour éviter la vue d'une potence agrémentée de son pendu tranquillement balancé ; l'exécution de criminels dans Paris, çà et là, ne gênait personne, ne soulevait pas la moindre protestation. La Grève où si souvent la potence tendait son bras inflexible, où si souvent l'échafaud et le bûcher opprimait le sol et la vue, se trouvait toute voisine de l'élégant quartier du Marais, et bien des fois, sans doute, les carrosses les plus dorés et les mieux garnis de laquais traversèrent la place tout près des cadavres qui tendaient les cordes meurtrières ou des roués agonisant sur leur guéridon. Nul ne s'en détournait ».

L'histoire de la sensibilité est chose passionnante.

*

À lire en fredonnant

Il était une fois
Un beau petit bourreau

Pas plus haut que trois noix
Et pas beaucoup plus gros
Des hautes et basses œuvres
Était exécuteur
Et pour les basses œuvres
Était à la hauteur
N'avait jamais de trêve
Et jamais de repos
Car en place de Grève
Il faisait son boulot*

*

Le 30 mai 1770 était un grand jour. Louis, dauphin de France, épousait Marie-Antoinette, archiduchesse d'Autriche. Comme le voulait la tradition, les somptueuses réceptions de la Cour à Versailles étaient doublées, à Paris, par des bals et de grands buffets dressés dans les rues. Ceux de la place Louis XV, l'actuelle Concorde, étaient grandioses et les festivités devaient durer deux jours. On annonçait même, à l'issue de ces noces populaires, la présentation des mariés depuis le balcon du Garde-meuble royal, aujourd'hui appelé Hôtel de la Marine. Il en fut autrement quand, au soir du premier jour, le célèbre Ruggieri tira le feu d'artifice qui illumina la bacchanale. Les premières fusées s'élancèrent dans le ciel de Paris – qui, à cet endroit, n'a pas changé depuis –, au son des orchestres et dans les vapeurs d'alcool. Lors de la seconde salve, l'une d'elles manqua son envol, retomba sur

* *Sentimental Bourreau*, chanson écrite et composée par Boby Lapointe, 1970.

les tréteaux et incendia d'un coup la structure sous laquelle se trouvaient les caisses du « bouquet final ». L'explosion fut immédiate. Parmi les fêtards, certains moururent sur le coup, d'autres se transformèrent en torches humaines et un mouvement de panique immaîtrisable s'empara de la foule. Dans la pénombre des flammes et des lampions, on courait dans tous les sens, criait, ceux qui tombaient à terre étaient piétinés ou écrasés par les chevaux emballés ; d'autres se précipitaient par-dessus les balustrades bordant la place pour sauter dans la Seine ou dans un fossé. Selon l'historien Armand d'Allonville, enfant au moment des faits, « le mal était provenu par quatre causes : l'entêtement que le corps de la ville, et surtout le prévôt des marchands, mit à s'emparer de la police de la fête ; l'incendie spontané de l'échafaudage construit pour le feu d'artifice ; des cordes tendues par des filous et le passage des pompes par la rue Royale, non encore pavée, à travers laquelle une foule effrayée se précipitait ». Louis-Sébastien Mercier estima à l'époque le nombre de morts à plus de mille deux cents. On sait aujourd'hui qu'il s'éleva à environ cent trente-trois, sans compter les centaines de blessés. Face à l'ampleur du drame, la visite prévue le lendemain du futur Louis XVI et de son épouse fut annulée. Marie-Antoinette n'aurait donc jamais connu les appartements qu'avait fait aménager pour elle Mme Thierry de Ville d'Avray, femme de l'intendant du Garde-meuble, mais qui portent son nom. Ce tragique événement fut interprété par certains contemporains comme de mauvais augure pour l'avenir du jeune couple.

Quelques jours auparavant, Goethe visitait le pavillon qui avait été bâti sur une île au milieu du Rhin pour accueillir l'archiduchesse lors de son voyage vers la France. Il remarqua que les tapisseries tendues dans le salon central représentaient l'histoire de Jason, Médée et Créüse, « l'exemple du mariage le plus atroce qui fût jamais consommé ».

*

C'est à la fenêtre d'un ravissant boudoir des appartements « de Marie-Antoinette », ouvert sur la loggia du Garde-meuble, que les commissaires du peuple signèrent le procès-verbal de son exécution, le 16 octobre 1793. La guillotine était alors plantée juste en face, devant les grilles du jardin des Tuileries. Le 21 janvier, ce fut accoudés à la fenêtre du grand salon qui fait l'angle avec la rue Royale qu'ils avaient signé celui de Louis XVI. La guillotine avait été posée, ce jour-là, au débouché de cette rue. Cette vaste pièce abrita, pendant plus de deux siècles, le bureau du ministre de la Marine puis celui du chef d'état-major de la Marine française. Il se visite aujourd'hui.

*

On trouva beaucoup de choses dans les poches des victimes de la bousculade du 30 mai 1770. Marie-Anne Leroux, 20 ans, revendeuse à la toilette, demeurant rue Saint-Thomas-du-Louvre, fut reconnue par son frère. Elle détenait un mouchoir, un petit chapelet, un dé de cuivre, un étui de bois, 2 livres et 1 sol ; Marie-Anne Fleury, 25 ans, femme de chambre de M. de Perussy, demeurant rue Saint-Lazare, fut reconnue par sa sœur. Elle gardait plié un mouchoir de toile, un livre de piété, quatre clefs, deux étuis en bois, un cachet en acier, un dé de cuivre, 14 sols. Anne-Charlotte Rousset, 20 ans, ouvrière en dentelles avec sa mère rue Sainte-Anne, portait quelques notes et papiers, deux tabatières en carton, un flacon en cristal dans son étui de velours vert, deux étuis de bois, une petite clef, trois dés, un peloton à épingles, un mouchoir à carreaux rouges, un petit livre de piété et 1 liard. Joseph Calude Couttier, 67 ans, marchand rubanier rue Saint-Denis, fut reconnu par l'officier Loret. Ses poches contenaient un crochet de cuivre damasquiné, une clef, un étui de bois de violette, un almanach de franc-maçon, une quittance de loyer, une lorgnette, un petit calendrier, une tabatière en carton, un tire-bouchon, un anneau de cuivre, un petit canif et un lacet de soie blanche. S'il fallait vider les miennes, on trouverait un paquet de cigarettes, un briquet, trois clefs et un téléphone portable.

*

Dans les années 1840, *Le Moniteur* insérait chaque semaine dans ses colonnes, sous le titre *Épaves parisiennes*, la liste de tous les objets trouvés dans les rues de Paris.

Durant la Commune de 1871, les 25 000 parapluies de l'entrepôt des Objets trouvés alimentèrent de façon inattendue les flammes qui ravageaient la capitale.

*

Dans les semaines qui suivent l'assaut du palais des Tuileries, le 10 août 1792, près de 3 000 personnes sont arrêtées ; soldats et gentilshommes présents dans le palais ou venus à Paris avec la famille royale, proches de la Cour, certaines de ses éminentes figures avec leurs enfants, des hommes d'Église surtout, de tous ordres et de tous âges. Fin août, la ville est sous pression quand l'annonce de la prise de Verdun par les troupes prussiennes ajoute, à la tension ambiante, une dangereuse fébrilité. Malgré cela, ou à cause de cela, la Commune de Paris attend, sans rien faire, l'étincelle qui fera exploser la violence.

Les prisons du Châtelet, de la Force, de la Petite Force, de l'Abbaye et le couvent des Carmes sont les principaux lieux où l'on entasse les suspects, accusés de complot, d'intelligence avec l'ennemi ou d'avoir de la famille à l'étranger. Répondant à un appel qu'aucune voix officielle n'a lancé, des milliers d'individus se massent, le 2 septembre, devant ces geôles pleines à craquer. Qu'attendent-ils ? Le coup d'envoi qui ne dit pas son nom ; l'étincelle. Elle sera, ce jour-là, l'écho d'une lointaine canonnade laissant penser que l'ennemi est aux portes de Paris. Il n'en est rien, et, comme souvent, l'innommable sera commis par des voisins.

Michelet nous dit que ce sont « des garçons bouchers, des gamins déjà robustes, des apprentis et un petit perruquier » venus des quartiers des Cordeliers et de Buci qui, le 2 septembre au soir, furent les premiers à assassiner, dans leurs voitures, des prisonniers dont le convoi n'avait pas franchi les portes de l'Abbaye de Saint-Germain-des-Prés. Le jeune coiffeur « tua plusieurs hommes de sa main » – de celle qui savait le raffinement des fers à boucles et de la poudre de riz –, avant d'être rejoint par d'autres marchands des environs qui s'improvisèrent bourreaux. L'arrivée d'un horloger, d'un limonadier, d'un charcutier, d'un fruitier, d'un savetier, d'un layetier, d'un boulanger et de « deux tailleurs allemands ou peut-être alsaciens » marqua les esprits ; l'aisance avec laquelle ils jouèrent de leurs sabres, poignards, gourdins et couteaux de cuisine fut spectaculaire.

Cette spontanéité meurtrière s'expliquerait, encore selon Michelet, par la ruine de commerçants dans un pays en crise. Déchirée par une révolution, en guerre à toutes ses frontières, la France plongeait dans le chaos. Et c'est chose connue, « l'ouvrier supporte souvent mieux la faim que le boutiquier la faillite ». Ils ne furent qu'environ cent cinquante, du 2 au 5 septembre, à donner l'exemple de la barbarie, à alimenter la fureur et la terreur sanguinaires ; cent cinquante meneurs, alors que Paris comptait en 1792 plus de 610 000 habitants. G. Lenôtre nous dit que « le peuple, lui, se contenta de regarder, d'être curieux, d'applaudir ; d'apporter là son amour effréné du spectacle, quel qu'il soit ; et aussi cette sorte d'équité frustre et servile qui le poussait à huer les *coupables* et à embrasser ceux qu'on déclarait innocents. Le peuple se retrouva aussi parmi ces braves gens qui, sans fausse honte, sans peur, sans dégoût des coudoiements sinistres, se glissèrent au nombre des massacreurs pour leur disputer quelques victimes ».

La place Jean-Paul-Sartre-et-Simone-de-Beauvoir, que nous connaissons devant l'église Saint-Germain, correspond à l'une des cours disparues de l'abbaye ; et les terrasses des Deux-Magots, du Bonaparte, le petit square qui fait l'angle et le cinéma qui lui fait face, composent un décor aujourd'hui bien paisible. Ce quartier *so Paris* abrita pourtant des tueries effrayantes. Pour nimber ces lynchages d'une espèce de légalité, des « tribunaux » s'improvisèrent, dès le 3 septembre, dans chaque prison. Le sort des suspects était tranché en quelques minutes lors d'une audience expéditive. Ils comparaissaient d'après le registre d'écrou et ne bénéficiaient d'aucun avocat – Robespierre n'avait-il pas dit qu'« un innocent n'en a pas besoin et un coupable ne le mérite pas » ? À eux, seuls, de répondre aux accusations pour tenter de se disculper. À eux, seuls, de se faire entendre dans la griserie générale, de convaincre ces pseudo-magistrats et de couvrir la clameur du public impatient de briser des crânes. À eux, seuls, de surmonter la peur et le dégoût, dans ces salles basses à l'atmosphère saturée de sueur, de saleté et d'alcool. La princesse de Tarente raconte dans ses *Souvenirs* sa comparution devant le « tribunal » de Maillard : « J'avançais avec peine au milieu de la foule qui remplissait la chambre ; il y régnait une chaleur suffocante, et, quoiqu'il fît très grand jour, l'obscurité y était presque entière. Je m'approche en tremblant de cette table qu'entouraient les juges : elle était couverte de papiers, de bouteilles, de verres, de pipes et de sabres. Parmi ceux qui rendaient les arrêts de mort, les uns étaient assis, les autres debout. Plusieurs ivres ou assouvis de sang, s'étaient endormis. À une fenêtre grillée qui donnait sur une cour, étaient suspendus des hommes qui en interceptaient la lumière et qui applaudissaient ou improuvaient les jugements. » Dans le récit qu'il fit de sa survie, M. Maton de la Varenne dit que « des pots, des pintes et des bouteilles couvraient ce bureau et des monstres dont les figures hideuses ne se peuvent décrire, l'entouraient les bras découverts et ensanglantés jusqu'aux épaules, comme s'ils sortaient d'un bain de sang ».

Les acquittements relèvent du miracle, mais il y en a. Par ailleurs, un indice troublant prouve que cette parodie de justice n'est pas née d'une « colère populaire » mais fut le fruit d'un projet mûri, d'une entente préalable, d'une coordination entre les geôliers – et donc leurs protecteurs politiques. Les peines de mort n'étaient jamais prononcées devant le prévenu ou, plus précisément, elles n'étaient pas prononcées du tout. Les juges disaient simplement : « Conduisez Monsieur à L'Abbaye », s'ils étaient à la Force, ou, « Conduisez Madame à la Force », s'ils étaient à l'Abbaye. Ce procédé fut appliqué partout et simultanément. Le pauvre condamné croyait à un transfert et suivait docilement ses assassins. À peine avait-il franchi le seuil du guichet que la foule le mettait littéralement en pièces à coups de sabre, de piques, de couteaux ; à mains nues.

*

Fallait-il vraiment purger les geôles de France ? – des massacres similaires eurent lieu à Nantes et à Lyon notamment. Personne n'osa répondre. Le 2 septembre était un dimanche et, prudemment, Danton resta à la campagne, Robespierre fut invisible et Marat trempa dans sa baignoire. Ils demeurèrent silencieux les jours suivants, aucun d'eux ne souhaitait endosser la responsabilité d'un massacre ou de son interdiction. En l'absence de toute autorité, les comités de quartier décidèrent de laisser faire.

Dès lors, les abords des prisons s'engorgèrent d'assassins qui pataugeaient dans des ruisseaux de sang, entourés d'une foule de femmes et d'enfants venus s'amuser des suppliciés et des restes humains qui s'amoncelaient. Malgré la confusion dans laquelle ces tueries furent perpétrées, l'état de choc de ceux qui purent en réchapper puis l'interprétation des historiens qui devaient les raconter, les témoignages concordent sur le spectacle offert par les rues de Paris : des scènes d'hystérie collective et parfois de cannibalisme, des convois incessants de charrettes qui allaient jeter leurs tas de cadavres dans des puits et des fosses creusés au-delà de la barrière Saint-Jacques, à Montrouge, à Clamart, à Charenton et aux carrières de Ménilmontant. Maton de la Varenne raconte qu'« Angélique Voyer et d'autres bacchantes, montées sur ces voitures, comme des blanchisseuses sur du linge sale dansaient sur les corps mutilés, en criant Vive la Nation !, battaient la mesure sur les parties dont la nudité était la plus apparente ; et portaient, attachés à leur sein, des lambeaux que la pudeur ne permet pas de nommer. Des cris d'horreur se mariaient au chant de ce qu'on appelait la *Carmagnole* ».

*

À lire en fredonnant

Oui nous nous souviendrons toujours
Des sans-culottes des faubourgs
À leur santé buvons
Vive ces francs lurons* !

*

* *La Carmagnole*, chanson révolutionnaire, 1792.

Ce quartier a lui aussi changé d'apparence pour ravaler les stigmates de son histoire. La paisible rue Malher, dans le IVe arrondissement, s'achève aujourd'hui par une placette à l'intersection de la rue Pavée, peu après avoir croisé les rues du Roi-de-Sicile et des Rosiers. C'est dans ce qui était encore, au XIXe siècle, un maillage serré de venelles médiévales, face à l'église Saint-Paul, que s'élevait la prison de la Force. Elle faisait l'angle entre la rue du Roi-de-Sicile et la rue des Ballets, sur laquelle des immeubles ont depuis été construits. Ici comme ailleurs, il est impossible de trouver les repères qui permettraient d'asseoir une mémoire des faits – ne restent de la prison que quelques pierres vermiculées entre l'hôtel de Lamoignon et un immeuble moderne. Cette rue des Ballets fut l'un des « haut-lieux » des massacres de 1792. C'est là, en sortant de la Force, que fut assassinée la princesse de Lamballe. Amie intime de la reine, revenue d'émigration pour être à ses côtés, le calvaire de sa mise à mort autant que le symbole de sa personne ont traversé les siècles pour incarner les martyrs de Septembre.

Il est environ midi, ce 3 septembre, lorsque Rétif de la Bretonne « arrive dans la rue Saint-Antoine, au bout de celle des Ballets, au moment où un malheureux qui avait vu comment on tuait son prédécesseur, au lieu de s'arrêter étonné, s'était mis à fuir à toutes jambes en sortant du guichet. Un homme qui n'était pas des tueurs, mais une de ces machines sans réflexion comme il y en a tant, l'arrêta avec sa pique. Le misérable fut attaqué par les poursuiveurs et massacré. Le piquier nous dit froidement : "Moi, je ne savais pas qu'on voulait le tuer." Ce prélude allait me faire retirer lorsqu'une autre scène me frappa. [...] Je vis paraître une femme pâle comme son linge, soutenue par un guichetier. On lui dit d'une voix rude : "Crie Vive la Nation ! – Non ! Non !", dit-elle. On la fit monter sur un monceau de cadavres, un des tueurs saisit le guichetier et l'éloigna. "Ha, s'écria l'infortunée, ne lui faites pas de mal !" On lui répéta de crier : "Vive la Nation !" Elle refusa dédaigneusement. Alors un tueur la saisit, arracha sa robe et lui ouvrit le ventre. Elle tomba et fut achevée par les autres... Jamais pareille horreur ne s'était offerte à mon imagination. Je voulus fuir, mes jambes faiblirent, je m'évanouis ». Selon d'autres récits, elle reçut des coups de poing, des coups de piques et des coups de bûches avant d'être éviscérée.

La suite, Michelet – qu'on peut difficilement qualifier d'antirévolutionnaire – nous la raconte dans son *Histoire de la Révolution* :

« Un nommé Grison lui coupa la tête ; un autre eut l'indignité de la mutiler au lieu même que tous doivent respecter (puisque nous en sortons tous) ; le barbare lui coupa ces parties sacrées ; ce pauvre mystère de femme, que les assassins eux-mêmes auraient dû voiler de la terre, ils le mirent au bout d'une pique et le promenèrent au soleil. [...] Ce fut une scène effroyable de les voir partir de la Force, emportant au bout des piques, dans cette large et triomphale rue Saint-Antoine, leurs hideux trophées. Une foule immense les suivait, muette d'étonnement. Sauf quelques enfants et gens ivres qui criaient, tous les autres étaient pénétrés d'horreur. Une femme, pour échapper à cette vue, se jette chez un perruquier ; et voilà la tête coupée qui arrive à la boutique, qui entre... [...] Les assassins jettent la tête sur le comptoir, disent au perruquier qu'il faut la friser ; ils la menaient, disaient-ils, voir sa maîtresse au Temple ; il n'eut pas été décent qu'elle se présentât ainsi. »

Il est vrai que la tête fut portée au Temple où était enfermée la famille royale, mais il est faux que la reine la vit. Le triste trophée fut présenté à la fenêtre de la salle à manger du rez-de-chaussée de la petite Tour, là où déjeunaient le couple Tison, les domestiques-cerbères de la famille prisonnière, et Cléry, le valet de chambre de Louis XVI. Ce sont leurs cris d'effroi, non ceux de Marie-Antoinette et de Madame Elisabeth – sa belle-sœur –, qu'entendirent les révolutionnaires.

La tête de Madame de Lamballe fut ensuite promenée dans les environs et jusqu'au Palais-Royal. Sûrement malmenée par la foule, une autre « toilette » s'imposa en cours de route. À l'angle de l'actuel boulevard Beaumarchais et de la rue du Pont-aux-Choux, dans le IIIe arrondissement, on trouvait un café faisant office de relais pour les cochers. Un seau d'eau posé devant la porte permettait aux chevaux de s'abreuver et c'est dans ce seau que fut trempée la tête de la princesse. Il y avait à côté une petite chaise pour le palefrenier, c'est pourquoi ce café s'appelait La Petite Chaise.

Il existe toujours et n'a pas changé de nom.

*

La correspondance du duc de Penthièvre, beau-père de la princesse de Lamballe, nous apprend comment il chargea trois officiers de sa maison de suivre les dernières heures de l'infortunée et comment ils réussirent, à l'issue d'une journée aussi effrayante que rocambolesque – chasse au trésor morbide dans un Paris d'égorgeurs –, à retrouver sa tête à la section de Popincourt et les restes de son corps au cimetière des Quinze-Vingt. C'est tard le soir que la dépouille recomposée fut placée dans un cercueil plombé, avant d'être inhumée à Dreux, dans la nécropole familiale.

*

Au couvent des Carmes, rue de Vaugirard, dans le VIe arrondissement, plus de cent cinquante prêtres réfractaires furent enfermés. Avant d'être tailladés par les mêmes forts des Halles qui œuvraient à la Force ou à l'Abbaye, ces hommes, souvent jeunes, durent comparaître devant le « président » Maillard chargé, là aussi, de donner un semblant de légalité au massacre. « Attendez ! Ne les tuez pas si vite, on va les juger ! », furent ses premiers mots d'ordre en arrivant dans la cohue du 3 septembre. Et pendant deux jours, le même simulacre de procédure se produisit. Comparution expresse, bousculade et coups de sabre. Une trentaine d'hommes fut épargnée – ils réussirent à s'échapper. Les autres furent systématiquement lacérés vivants avant d'être jetés, morts ou quasi, dans le jardin au fond duquel s'élevait une petite chapelle. Avant d'être démolie pour percer la rue de Rennes, au milieu du XIXe siècle, les religieux, à qui l'on avait rendu une partie du couvent, démontèrent son dallage et ses boiseries tachés de sang pour conserver comme reliques ces preuves tangibles du martyre. Le jardin, condamné lui aussi par le tracé haussmannien, fut sondé par des historiens et des archéologues ; des gens bien intentionnés mais mal informés. Dans un puits et sous la pelouse, ils trouvèrent peu d'ossements humains, de nombreux débris d'animaux cuisinés, puis s'accordèrent sur le caractère aléatoire de leurs recherches incertaines. Et puis… il fallait *faire vite*. Aussi, l'asphalte qui recouvre les pavés, à l'angle de la rue d'Assas et de la rue de Rennes, camoufle-t-il quelques fosses communes ignorées.

Mais le couvent, profondément remanié aux XIXe et XXe siècle pour devenir « la Catho », l'Institut catholique de Paris, témoigne encore de l'horreur. Sur le mur d'une cellule intouchée depuis septembre 1792, de mystérieuses traces de couleur sombre s'étirent du sol à hauteur de taille. Il faut alors entendre de quelqu'un ce que l'on n'ose reconnaître. Entre deux boucheries, le temps d'une lampée d'alcool, les tueurs posaient leurs sabres contre un mur ; contre celui-ci. Et la silhouette de leurs lames ensanglantées s'est imprimée sur la pierre. Ce sont aujourd'hui de fragiles pigments protégés par un verre, les frêles traces de lourds glaives.

Dans mon esprit, cette image est aussi puissante et inconcevable que ce mur d'Hiroshima qui a, sous l'effet du rayonnement atomique, révélé au sens photographique du terme les ombres portées d'une échelle, d'un soldat et de son épée.

Dans le cloître du couvent se trouvait un cadran solaire. Il s'ornait de cette devise :

MONENTANEUM QUOD DELECTAT

STERNUM QUOD CRUCIAT

Le plaisir ne dure qu'un moment

La douleur n'en finit pas

*

En brûlant les archives de la Préfecture de Police, les Communards de 1871 nous ont privés d'un précieux témoignage : le registre d'écrou de l'Abbaye. C'était un cahier d'environ 38 centimètres de haut recouvert de parchemin. Des traces de sang étaient visibles sur ses faces extérieures et, sur ses pages intérieures, de larges diaprures de vin se mêlaient aux couleurs, plus pâles, du sang séché. Tout au long de la liste, à chaque ligne et de haut en bas, se remarquaient des taches rondes et moirées. Vers 1860, un homme venu pour un renseignement à la Préfecture vit l'archiviste Labat consulter ce document. « Je reconnais ce registre, dit-il au chercheur avec émotion, c'est celui que Maillard avait devant lui. » Durant leur conversation, Labat apprend qu'il a affaire à un tueur de l'Abbaye ; il le questionne sur ces taches rondes, quasi symétriques, à chaque page. « C'est bien simple, répondit le vieillard, quand on avait expédié un prisonnier, on s'approchait du registre pour lire le nom des autres. Chacun désignait du doigt le nom de celui qu'il connaissait, en disant : "Et celui-là ?" Ces taches sont les traces des doigts sanglants qui furent appuyés sur le papier. »

*

À l'issue de ces « journées de septembre », Billaud-Varenne, substitut du procureur-syndic de la Commune qui en était à l'origine, s'adressa à ceux qui venaient d'en être le bras armé : « Respectables citoyens, vous venez d'égorger des scélérats ; vous avez sauvé la patrie ; la France entière vous doit une reconnaissance éternelle ; la municipalité ne sait comment s'acquitter envers vous. Sans doute, le butin et la dépouille de ces scélérats appartiennent à ceux qui nous en ont délivrés ; mais sans croire pour cela vous récompenser, je suis chargé de vous offrir à chacun 24 livres qui vont vous être payées sur-le-champ. Respectables citoyens, continuez votre courage et la patrie vous devra de nouveaux hommages. »

*

La Ville de Paris n'a, en revanche, jamais rendu hommage à Jean-Sylvain Bailly, le premier maire de son histoire. Issu d'une famille d'artistes, se destinant lui-même à la peinture, il fut un brillant scientifique. Membre de l'Académie des Sciences, inventeur des lunettes d'opéra, proche de Buffon, correspondant de Linné et de Voltaire, il défendit la création du musée du Louvre et on le voit sur le tableau de David, *Le Serment du Jeu de Paume* – c'est autour de sa figure centrale que s'articule toute la composition –, mais il n'a même pas sa rue dans la capitale. La rue Bailly, face le musée des Arts et Métiers, dans le IIIe arrondissement, n'est que le glissement orthographique d'une homophonie, il s'agit du *bailli* de l'abbaye de Saint-Martin-des-Champs, bâtie il y a près de mille ans. Il y aurait beaucoup de jolies choses à dire au sujet de cette église, même dépouillée de ses champs. On sait notamment que l'ancien réfectoire – l'actuelle bibliothèque – a été construit par Pierre de Montreuil, l'architecte de la

Sainte-Chapelle et, qu'avant cela, saint Martin y passa en 385 ou 386; mais hormis la date, personne ne peut affirmer qu'il y guérit bel et bien un lépreux en l'embrassant.

Si le sort de Bailly est semblable à celui de tant d'hommes des Lumières avalés par la Terreur, les conditions de son exécution sortent de l'ordinaire révolutionnaire. La guillotine, qui n'avait pas d'emplacement fixe, était promenée à travers la ville au gré des exécutions. Juliette Gréco chante, certes, l'échafaud de « la rue des Blancs-Manteaux », mais l'histoire retient la place de Grève (Hôtel de Ville) et celle du Carrousel, la Barrière du Trône-Renversé (place de la Nation), les places Saint-Antoine (Bastille) et de la Révolution (Concorde). Aussi, lorsque Fouquier-Tinville désigne le Champ de la Fédération (Champ-de-Mars), et plus précisément encore, l'espace compris entre l'autel de la Patrie et le Gros-Caillou, pour décapiter Jean-Sylvain Bailly, il inaugure un lieu d'exécution inédit afin de pointer l'exceptionnalité du crime pour lequel le Tribunal l'a condamné, le 10 novembre 1793. Maire de Paris, le 17 juillet 1791, le brave homme avait fait tirer sur les Parisiens – ce qui n'est pas très gentil –, mais ils n'avaient pas le droit de se rassembler et lui avait le devoir de les en empêcher.

La cause de cette énième effusion de sang remonte au mois précédent, lorsque le roi et sa famille avaient été arrêtés dans leur fuite, à Varenne, le 21 juin. Dès lors, les défenseurs d'une monarchie constitutionnelle étaient à court d'arguments et les tenants d'une République pure et dure se voyaient soutenus, en plus des faits, par l'opinion populaire. Mais l'Assemblée Constituante et la Commune de Paris demandaient du temps pour réfléchir à la forme d'un futur régime et ne souhaitaient surtout pas que le peuple s'en mêle. Le peuple, lui, l'entendait autrement. Les Jacobins l'appelèrent à se rendre au Champ-de-Mars pour signer une pétition sur l'autel de la Patrie, édifié pour la Fête de la Fédération le 14 juillet 1790, mais la Commune interdit ce rassemblement et proclama la loi martiale. La manifestation fut annulée suffisamment tard pour que la nouvelle n'arrivât pas jusqu'aux oreilles des Parisiens, et l'initiative fut immédiatement reprise par les Cordeliers qui maintinrent l'appel à pétitionner. Les témoignages concordent sur le caractère bon enfant de cet événement et son succès, puisqu'il y aurait eu jusqu'à vingt mille participants et aucune violence. Il n'en demeurait pas moins interdit… La Fayette s'était contenté de faire une ou deux apparitions avec sa Garde nationale dans la journée, rien de plus. Quelles furent ensuite les pressions exercées sur Bailly pour que le maire de Paris arrive en personne, vers 19 h 30, à la tête d'un détachement de Gardes nationaux et que, brandissant la bannière rouge de la loi martiale, il ordonne de tirer sans sommation sur la foule ? Nous ne le savons pas. Il y aura près de cinquante morts. Et c'est à l'endroit où il avait appelé à tirer, entre l'autel de la Patrie et le Gros-Caillou, entre la Tour Eiffel et l'avenue de la Bourdonnais, qu'il devait être exécuté.

Le 21 Brumaire de l'An II (11 novembre 1793), Bailly est conduit au supplice, car c'en fut un. Charles-Henri Sanson, le bourreau de la capitale, resta si marqué par les circonstances de cette exécution qu'il les détaillera dans son journal. Ses notes serviront à son petit-fils qui, quelques années plus tard et devenu lui-même bourreau, publiera les mémoires de son grand-père.

« Bailly fut emmené dans l'avant-greffe [de la Conciergerie] ; il est très vrai que la populace n'eut point l'initiative des indignes traitements qui firent au malheureux savant une si lamentable agonie. Les guichetiers de la Conciergerie, ordinairement farouches, quelquefois brutaux envers les prisonniers, se montrèrent envers Bailly d'une violence qui ne peut s'expliquer que par des ordres reçus. [...] Aux cruautés de ses geôliers, il avait opposé une douceur inaltérable, se contentant de murmurer plusieurs fois : "Vous me faites mal !" Lorsque les aides de Sanson l'eurent arraché à ses persécuteurs, il rajusta sa chemise et dit en souriant : "C'est que je suis un peu vieux pour ces jeux-là". »

Il quitte la Conciergerie à 11 h 45. « À sa sortie sur le quai, la charrette fut saluée par d'assourdissantes clameurs, et entourée d'une foule dans laquelle mon grand-père reconnut le ban et l'arrière-ban des habitués de la place de la Révolution. Le bataillon de cannibales était au grand complet ; ce rebut du sexe féminin, qu'on avait flétri du nom de *lécheuses de guillotine*, se faisait remarquer par son audace et son exaspération. Cependant, jusqu'à la place de la Révolution, la rage populaire ne se traduisit que par des injures et par des menaces ; aucun projectile ne fut lancé sur la charrette. Bailly était assis ; il s'entretenait avec mon grand-père avec une tranquillité et une liberté d'esprit incroyables. Il parlait de tout, excepté de lui. Il interrogea Charles-Henri sur les derniers moments de quelques-uns des précédents suppliciés, de Custine, de Charlotte Corday et de la reine ;

un peu plus tard, avec autant de calme que s'il eut été dans son cabinet de l'Hôtel de Ville, que si, magistrat, il eut eu à questionner un de ses subordonnés, il lui demanda des renseignements sur les émoluments de sa charge. »

Mais le convoi doit faire demi-tour : les charpentiers ont oublié quelques-uns des madriers qui forment le plancher de l'échafaud. Durant ce trajet, la foule s'agite et les gendarmes resserrent l'escorte.

Le cortège arrive enfin au Champ-de-Mars vers 13 h 30. Il pleut et le terrain n'est que boue. « Pour lui éviter des mauvaises secousses, Sanson proposa à Bailly de poursuivre les derniers mètres à pied, ce qu'il accepta. Il n'avait pas fait deux cents pas qu'un mauvais garnement d'une quinzaine d'années saisit l'habit qu'il avait jeté sur ses épaules, et le lui arracha. La secousse fut si violente que le malheureux tomba en arrière. En un instant, l'habit fut déchiré en mille lambeaux, et les forcenés tentèrent une fois encore de s'emparer du condamné que l'exécuteur et ses aides entouraient seuls ; une fois encore, il fut préservé par l'intervention des gendarmes. »

La foule grossit.

Le site désigné pour planter la guillotine est trop meuble mais l'échafaud doit être absolument dressé là où l'exige le jugement. Les aides du bourreau s'obstinent à trouver son emplacement et le condamné le cherche même avec eux. Durant cette quête inconcevable, les tentatives d'agressions se poursuivent. « Puis, comme Charles-Henri se plaignait et s'emportait contre la foule, Bailly dit : "Il serait fâcheux d'avoir appris à vivre avec honneur pendant cinquante-sept ans, et de ne pas savoir mourir avec courage pendant un quart d'heure". » Son *quart d'heure* devait durer plus longtemps.

Le remblai d'un fossé offre enfin ce qu'il faut de stabilité, « à l'extrémité gauche du Champ de la Fédération, côté de la rivière ». Mais l'assemblage de la charpente prend du temps et la cohue s'amplifie. « Déjà la boue qui souillait sa chemise et son visage, à une écorchure qu'on voyait à son front et dont sortaient quelques gouttes de sang, il était évident que la frénésie de ces sauvages avait été jusqu'à le frapper. » Si la « physionomie de Bailly avait conservé son calme », le pauvre homme continue d'être violenté. « Aussitôt qu'il reconnut Charles-Henri, ses yeux l'appelèrent ; le pauvre Bailly ne se voyait plus d'autre ami que son bourreau ! »

Plus de trois quarts d'heure s'écoulent ainsi sous la pluie, sous les insultes et sous les coups. « Il tombait une pluie d'automne fine et glacée. Bailly n'avait plus sur le corps que sa chemise, déchirée en lambeaux, et, çà et là, laissant voir les chairs violacées. Il frissonnait, on entendait le bruit de ses dents qui s'entrechoquaient. Ce fut en ce moment que l'un de ceux qui se pressaient autour de lui, lui ayant dit : "Tu trembles, Bailly ?", il fit cette réponse à jamais célèbre : "Non, j'ai froid." »

On lui jette encore de la boue au visage, il doit encore attendre des pièces de l'échafaud qui ont été volées par des vauriens, il perd encore connaissance.

Puis on l'aide finalement à monter les quelques marches qui le séparent de la guillotine. « Vite, finissons-en, Monsieur, je vous en pris », dit-il à Sanson. Hélas pour lui, il fallait accomplir une ultime exigence de Fouquier-Tinville : le drapeau rouge de la loi martiale qu'il avait agité deux ans plus tôt doit être brûlé sous ses yeux, par son exécuteur. Mais il est difficile, avec cette pluie de novembre, d'obtenir une flamme, et encore plus compliqué ensuite de faire flamber le chiffon humide. Cela dure de longues minutes.

Enfin sanglé à la bascule, soulagé d'être bientôt coupé en deux, c'est en souriant que Bailly pose sa tête dans la lunette de bois. Il dit : « Ah ! maintenant je touche au port et... » Le couperet tombe.

*

Des phrases inachevées, l'échafaud en a livré des centaines, des milliers, et *Le Dialogue des Carmélites*, l'opéra de Francis Poulenc composé d'après l'ouvrage de Georges Bernanos – sur ces religieuses de Compiègne qui chantèrent jusqu'au supplice et jusqu'à la dernière –, s'achève par ce silence définitif que la lame impose. Musicalement, c'est superbe ; humainement, c'est terrifiant.

*

Le cimetière de Picpus fut considéré pendant longtemps comme « le lieu le plus loin du monde », c'est peut-être pour cette raison que la Révolution y creusa des fosses pour jeter à la va-vite les corps de quelque mille trois cent six guillotinés.

*

Voir mourir

J'ai vu les cochons que l'on saigne
– ça vaut la peine d'être vu !
Les poules dont on tord la tête
Tournoient encore toute une heure,
La carpe morte saute encore
Le sang coule de l'œil du cerf,
Et dans les étangs où il meurt,
Le cygne étale une chanson

Mais que le silence est massif
Aux champs de bataille !
L'homme qui meurt tourne trois fois
La tête et puis se laisse choir,
J'ai vu des idiots qui crèvent
Froide et gluante est leur sueur,
– mais avez-vous vu un mort crier ?
Avez-vous vu un mort qui chante ?

Entends-tu le cri du cochon,
Le saut transparent de la carpe ?
Le sang caillé de l'œil du cerf
Est-il monté jusqu'à ton œil ?
Et seule la mort des humains
Coule, légère, sur ta peau
– À l'homme seul refuses-tu
L'huile divine de la plainte ?*

*

---

* Benjamin Fondane, *Poèmes retrouvés (1925-1944) – Édition sans fin.*

Le Champ-de-Mars doit son nom à son emplacement face l'École Militaire – chef-d'œuvre de Gabriel, l'architecte de « l'architecture Louis XV ». Avant d'être abandonnée aux rats et aux touristes, compartimentée par des *fans zone*, par des murs « anti-attentat » pour protéger la Tour Eiffel des malveillants et par un mur « de la Paix » pour nous apprendre l'amour du prochain, sans évoquer la construction d'un Grand Palais Éphémère que son inventeur souhaiterait pérenne, cette noble percée était un espace dégagé vers la Seine pour faciliter les exercices équestres. C'est sur ce vide qu'on décida de bâtir le cirque romain de la Fête de la Fédération pour le premier anniversaire de la Révolution. Plus de 100 000 personnes purent prendre place autour de la loge royale. On aimait encore le roi et celui-ci se posait en garant de la Constitution. Au centre de ce pastiche de l'Antique, se dressait l'autel de la Patrie. Sans crainte du mélange des genres, c'est là que fut célébrée une messe par Talleyrand – qui était aussi évêque d'Autun, et ce fut la seule messe qu'il célébra de toute sa vie. Avant d'entrer dans l'arène, il dit à La Fayette qui était à ses côtés : « Surtout ne me faites pas rire. »

*

Boileau raconte avoir souvent entendu, durant ses nuits d'insomnies, le *clocheteur des trépassés*. C'était un religieux de la confrérie des Pénitents qui, encagoulé, parcourait les rues de la ville. Il portait une lanterne dans une main et, dans l'autre, une clochette qu'il agitait en criant : « Réveillez-vous, gens qui dormez ! Pensez aux morts ! »

Dans la rue Saint-Thomas-du-Louvre, rue disparue avec le vieux quartier du Louvre, se trouvaient deux cadrans solaires. Le premier avait pour devise :

DUM LICET UTERET

Tandis que tu le peux, profites-en.

Et le second :

PENSEZ À LA DERNIÈRE

*

Philippe Auguste trépassa à Mantes, le 14 juillet 1223. Sa dépouille fut rapidement ramenée à Paris pour y être embaumée avant ses funérailles à Saint-Denis. Selon Guillaume de Nangis, le cardinal Conrad, légat du Saint-Siège, et Guillaume, archevêque de Reims, se disputèrent tellement l'honneur de chanter la grande messe qu'il fut convenu, pour les mettre d'accord, qu'ils chanteraient ensemble mais à deux autels différents, et que les autres prélats, le clergé, les moines et le peuple présent, leur répondraient comme un seul officiant.

Louis XIII mourut à Saint-Germain-en-Laye, le 14 mai 1643. La veille de son trépas, selon les *Mémoires* de Dubois, « il commanda à Monsieur de Niert, premier valet de garde-robe, d'aller prendre son luth et il chanta des louanges à Dieu, comme *lauda anima mea Dominum* ; et fit aussi chanter Savi, Martin, Champfort et Fordenant, qui chantèrent en parties des airs que le Roi avait fait sur les paraphrases de David, par Monsieur Godeau, et ne furent chantés que des airs de dévotion, et même le Roi chanta quelques-unes des basses avec Monsieur le maréchal de Schomberg, ce qui nous causa de très grandes joies, mais non pas de durée».

Louis XIV s'éteignit à Versailles, le 1er septembre 1715. Durant sa longue agonie, couvé par des médecins incapables, il soulagea lui-même ses douleurs en demandant aux vingt et un violons qui composaient les *Violons du Roy* de jouer dans le salon de l'Œil-de-bœuf, voisin de sa chambre, les mélodies qu'il avait tant aimées.

Sur son lit de mort, à Paris, en janvier 2020, ma grand-mère demanda à mon frère de lui chanter un alléluia.

*

Dans une lettre officielle, Charles V «mande au Maire et Échevins de Troyes que son fou est mort et qu'ils ont à lui en envoyer un autre suivant la coutume». M. de Saintfoix souligne que «nos Rois avaient des fous en titres d'offices, et ce qu'il y a de très singulier, c'est qu'ils leur faisaient élever des mausolées. On voit dans les registres de la Chambres des Comptes, que Charles V, ce Prince si sage, fit élever un tombeau à un de ses fous dans l'église Saint-Germain-l'Auxerrois; et qu'il en fit encore élever un pareil à Thevenin, un autre de ses fous, dans l'église de Saint-Maurice de Senlis. Il consiste dans une tombe de pierre de liais, longue de huit pieds et demi sur quatre et demi de large. Au milieu est couchée sur le côté, une figure en habit long, dont les pieds sont d'albâtre, ainsi que le visage. Pour coiffure, elle a une calotte terminée d'une houppe ; on voit sur ses épaules un froc fait en capuchon ; deux bourses sur son estomac et une marotte à sa main. Tout autour de ce tombeau sont taillées, avec une délicatesse et une patience incroyable, quantité de petites figures dans des niches. On y lit cette épitaphe :

Ci-gît Thevenin de S. Legier, fou du Roi notre Sire, qui trépassa le onzième juillet, l'an de grâce 1374. Priez Dieu pour l'âme de lui ».

*

À lire en fredonnant

Il est mort le vendredi,
Passé la fleur de son âge…
S'il fut mort le samedi,
Il eût vécu davantage.

Les médecins sont d'accord,
Et toute la pharmacie,
Que deux jours avant sa mort
Il était encore en vie*.

*

En 1897, Paris est à l'image de sa carte postale, phare du monde, hôtesse d'Expositions Universelles spectaculaires et

* *La mort de La Palisse*, chanson anonyme, 1525.

capitale d'une IIIe République triomphante. C'est aussi la ville de la misère. La pauvreté venue des campagnes pour gonfler les faubourgs est tenue à l'écart du style 1900 mais elle est bien là, omniprésente et même croissante. Pour lui venir en aide et se donner bonne conscience, la haute société organise de nombreuses œuvres de bienfaisance. Et s'il est « un des lieux de rendez-vous les plus élégants et les plus aristocratiques », selon *L'Éclair*, c'est le Bazar de la Charité. Cette vente annuelle réunit tout ce qu'il y a de plus présentable afin d'alimenter les gazettes et la cassette des indigents. Ce 4 mai 1897, l'événement se déroule dans une grande baraque de bois dressée sur un terrain encore non bâti de la rue Jean-Goujon, dans le VIIIe, entre la place François Ier et l'avenue Montaigne. Son décor fait sensation : toute une rue du « Paris médiéval » sur une toile peinte du sol au plafond. Chaque stand occupe une échoppe à l'ancienne et un recoin est dédié à une invention récente, le cinématographe.

Vers 16 heures, le Bazar reçoit la visite – et la bénédiction – du nonce du pape avant que la duchesse d'Alençon, sœur de l'impératrice Sissi, ses amies, leurs enfants et tant d'autres dames avec les leurs déambulent dans l'allée centrale ou se pressent vers l'attraction des frères Lumière. Pour projeter les images des pellicules en celluloïd sans électricité – alors fort coûteuse –, on utilise le système Molteni. Il consiste en un cylindre de chaux fixé sur une tige, chauffé à blanc par une flamme d'éther à travers laquelle on insuffle de l'oxygène. Si la lumière produite est parfaite, le cocktail pour y parvenir – chaleur, gaz et combustion – est hautement inflammable. C'est ce qui arrive à 16 h 20.

Une petite maladresse, une petite étincelle, embrase le projecteur et les pellicules d'un seul coup. Dans un lieu ventilé, l'incendie aurait pu être maîtrisé. Mais cette salle obscure ne fait que neuf mètres sur quatre et la fameuse toile peinte qui recouvre toute la construction du Bazar est enduite de goudron. La propagation de la flambée est immédiate. La flamme, raconte Paul Morand, « s'enrubanna autour du cinématographe qui, dans un grésillement instantané, se mit à fondre avec toutes ses pellicules. Les gestes qu'on pouvait faire pour se protéger ou pour fuir arrivaient trop tard, car l'incendie avait déjà lancé son coup de gueule au ciel, ses griffes à travers la foule. Le vélum tendu au-dessus du Bazar se gonfla d'air chaud comme une montgolfière, fit craquer ses cordages, tendit une vaste bannière mouchetée de jaune, puis de roux, enfin de noir, qui se perfora, avant de se déchirer. Les têtes levées, aveuglées par le soleil, ne voyaient pas que le plafond de toile brûlait ; ce ne fut que lorsqu'il eut cédé au passage de l'appel d'air, qu'il fléchit sous son poids et se rabattit sur les assistants. Avant de comprendre qu'ils allaient être rôtis, avant de chercher une issue, ceux-ci reçurent l'averse de feu sur les épaules. Les ruchés et les festonnées, la paille des grands chapeaux, la mousseline des robes, le taffetas des volants et la soie des ombrelles, les voilettes, les rubans et les plumes, l'organdi et la percale, tous les tissus légers comme des vapeurs qui habillaient les corps des femmes, heureuses de s'abandonner à un précoce été, s'allumèrent comme des feux de joie, flambèrent dans l'air tiède, imprégné de parfums exquis et de lotions ambrées ».

Cette foule de torches humaines n'a qu'une seule porte s'ouvrant vers l'intérieur pour sortir. Le feu partout, la panique indescriptible… on entend les cris et les hurlements jusqu'à la place de l'Alma durant vingt minutes. Puis plus rien. La structure de bois blanc a fini par céder sur les derniers vivants, avant que l'odeur poisseuse de la chair brûlée imprègne tout le quartier. « Quand j'arrivai sur les lieux, se souviendra le préfet Lépine, l'eau des pompes avait changé ces cadavres en boue gluante. C'est avec toutes les peines du monde que mes hommes et moi nous pûmes déblayer le charnier, en gardant à cette opération un semblant de décence. »

Le Palais de l'Industrie voisin est transformé en dépôt mortuaire, et c'est sous les auspices de la Fée électricité que les familles viennent identifier les leurs. « Quel spectacle !, écrit Léon Daudet, les victimes sont là, tordues, calcinées, grimaçantes, les orbites vides exprimant encore la douleur atroce, pareilles à des singes pris dans un incendie de forêt. » L'identification est plus que difficile. Les corps sont méconnaissables. Elle est impossible. « Des scènes de quasi-folie de déchaînement, témoigne-t-il encore, des pâmoisons accompagnées de rires affreux. Un jeune médecin circule à travers les groupes, avec un flacon d'éther, dont l'odeur se répand, entêtante. » On se penche sur un détail, un vêtement, un bijou ou ce qu'il en reste.

Dans le livre qu'il consacre à ce drame, Bruno Fuligni nous dit que le valet de chambre de la comtesse de Saint-Martin reconnaît son cadavre à la bague qu'elle porte au doigt. Monsieur de Mandat-Grancey retrouve sur un avant-bras épargné par les flammes le bracelet de sa fille, Antoinette. Mme Legrand est reconnaissable à ses bas, Mme Kahn à un morceau d'étoffe, Mlle Marie-Louise Chevilly à une dentelle et une agrafe posées sur son corset par sa femme de chambre. Le docteur Nélaton retrouve, sur ce qu'on peine à appeler une dépouille, un bas à varice marqué MN et une bottine à lacets de forme spéciale, c'est sa sœur. Dans un amas de chiffons noircis, une quittance de loyer porte le nom de Mlle Élise Blonska, l'administrateur de la Comédie Française doit admettre qu'il ne reste plus, de sa bibliothécaire, que ce billet. Pour faciliter les identifications, la presse relaie les informations de la police : « Parmi les vêtements on a recueilli un fragment de chemise festonnée à coulisse marquée M.P. en lettres gothiques au fil rouge, un débris de corsage en étoile jaunâtre à côtes, baleiné avec des ornements en tulle ; un débris de gilet de flanelle à coulisse marqué M.C.P. ; un débris de corset en jersey blanc ; un débris de corset blanchâtre garni d'une petite dentelle au crochet et d'un ruban bleu ; un morceau de flanelle avec boutons en porcelaine ; des bas noirs à côtes ; une bottine en chevreau noir, douze boutons, dont la partie supérieure est bordée en soie rouge, la semelle a une longueur de 21 centimètres. »

L'incendie du Bazar de la Charité a fait cent trente morts, dont cent vingt-cinq directs et identifiés. Parmi eux, cent dix-huit étaient des femmes, jeunes-femmes et fillettes. On ne dénombre que sept victimes masculines : trois vieillards, deux médecins, un groom de 14 ans et le petit Alfred David, 5 ans, le plus jeune de tous. Les autres, que sont-ils devenus ? Car il y en avait des Messieurs, cet après-midi-là… La presse et les chansonniers fustigent rapidement « Le Royal-fuyard », « Le Baron d'Escampette », « Les Chevaliers de la Frousse »… On les accuse d'avoir joué de leurs cannes pour sortir et de s'être même servis de bouteilles de champagne pour assommer celles qui entravaient leur passage. C'est bien connu : les femmes-et-les-enfants-d'abord passent toujours après. Pour avoir eu le mauvais goût d'échapper au brasier, certains seront rayés de leurs cercles ; d'autres pas.

Les journaux populaires n'omettent aucun détail sordide pour émouvoir sur le sort de ces nobles victimes et aiguiser la curiosité morbide qui a toujours animé les cuisines et les arrière-cours. À l'instar du Titanic, qui incarnera plus tard, aux yeux du peuple, LE naufrage, alors qu'il y en eut tant d'autres et des plus meurtriers, l'incendie du Bazar de la Charité est LE drame qui fait pleurer dans les chaumières la fin d'une haute société.

Pas dans toutes, du moins, à en lire ce qu'écrit Léon Bloy à son ami André Roullet : « À la lecture des premières nouvelles de cet événement épouvantable, j'ai eu la sensation nette et *délicieuse*, d'un poids immense dont on aurait délivré mon cœur. Le petit nombre de victimes, il est vrai, limitait ma joie. Enfin, me disais-je tout de même, *enfin !* ENFIN ! voilà donc un commencement de justice. Ce mot *Bazar* accolé à celui de CHARITÉ ! Le nom terrible et brûlant de Dieu réduit à la condition de génitif de cet immonde vocable !!! […] Et le nonce du pape venant bénir tout ça ! Ah ! mon ami, quelle brochure à écrire ! *L'incendiaire du Bazar de la Charité.* Tant que le nonce du pape n'avait pas donné sa bénédiction aux belles toilettes, les délicates et voluptueuses carcasses que couvraient ces belles toilettes ne *pouvaient* pas prendre la forme noire et horrible de leurs âmes. Jusqu'à ce moment, il n'y avait aucun danger. Mais la bénédiction, la *Bénédiction*, indiciblement sacrilège de celui qui représentait le Vicaire de Jésus-Christ et par conséquent Jésus-Christ lui-même, a été où elle va toujours, c'est-à-dire au FEU, qui est l'habitacle rugissant et vagabond de l'Esprit Saint. [...] Ce qu'il y a d'affolant, de détraquant, de désespérant, ce n'est pas la catastrophe elle-même, qui est en réalité peu de choses auprès de la catastrophe arménienne, par exemple, dont nul, parmi ce beau monde, ne songeait à s'affliger. Non, c'est le spectacle véritablement monstrueux de l'hypocrisie universelle. C'est de voir tout ce qui tient une plume mentir effrontément aux autres et à soi-même. Enfin, et surtout, c'est le mépris immense et tranquille de tous à peu près sans exception, pour ce que Dieu dit et Dieu fait. »

Bruno Fuligni souligne que « Jaurès et les socialistes s'épuisaient en congrès, motions et banquets verbeux qui ne menaçaient guère la propriété ; les anarchistes fabriquaient, dans des boîtes de conserve, de pauvres bombinettes qui ne tuèrent jamais que des agents de police et des petit-bourgeois ; le baron de Mackau [l'organisateur de l'événement] quant à lui, s'il avait été un agent conscient de l'histoire, serait resté dans les mémoires comme le plus grand révolutionnaire de son temps, puisqu'il eut l'idée autrement subversive d'attirer toute la haute société dans un piège d'où elle ne pouvait ressortir indemne ».

Le 8 mai, une cérémonie funèbre est célébrée à Notre-Dame de Paris en présence du très agnostique Président Félix Faure, du gouvernement et des députés. « Quel beau spectacle, dira Clémenceau, celui de ces athées, de ces francs-maçons en tartufferie de prières pour de nobles dames qui ne prononçaient pas leur nom sans se signer! » Ils n'auraient pas dû venir en effet... Dans son homélie, le père Ollivier a décidé de ne pas bouder son plaisir et de dire tout ce qu'il pense du cinématographe et de la République, en la regardant droit dans les yeux. « Sans doute, ô Maître souverain des hommes et des sociétés, vous avez voulu donner une leçon terrible à l'orgueil de ce siècle, où l'homme parle sans cesse de son triomphe contre vous. Vous avez retourné contre lui les conquêtes de la science, si vaine quand elle n'est pas attachée à la vôtre ; et, de la flamme qu'il prétend avoir arrachée à vos mains comme le Prométhée antique, vous avez fait l'instrument de vos représailles. Ce qui donnait l'illusion de la vie a produit l'horrible réalité de la mort [...]. La France a mérité ce châtiment par un nouvel abandon de ses traditions. Au lieu de marcher à la tête de la civilisation chrétienne, elle a consenti à suivre en servante ou en esclave des doctrines aussi étrangères à son génie qu'à son baptême. [...] Ô chères et nobles victimes, vous pouvez dormir en paix : votre désir se réalise et votre œuvre s'achèvera bientôt. [...] Ici-bas, vous gardiez forcément des traces de l'infirmité humaine et nous pouvions douter de votre puissance sur le cœur de Dieu ; aujourd'hui, vous nous apparaissez comme Jeanne d'Arc sur la nuée rougeâtre du bûcher, entourée de lumière et montant vers la gloire où vous attendent l'Inspirateur de votre charité et le Rémunérateur de votre sacrifice. »

Dans l'assistance, il y eut comme un malaise.

*

Ah ! c'est qu'on est pas muff en France,
On n's'occup'que des malheureux ;
Et dzimm et boum ! la Bienfaisance
Bat l'tambour su'les Ventres creux !
L'Hiver, les murs sont pleins d'affiches
Pour Fêt's et Bals de charité,
Car pour nous s'courir, eul'mond'riche
Faut qu'y gambille à not'santé !
Sûr que c'est grâce à la Misère
Qu'on rigol'pendant la saison ;
Dam' ! Faut qu'y viv'nt les rastaqoères
Et faut bien qu'y r'dor'nt leurs blasons* !

*

Henry de Montherlant écrit, en 1952, qu'« un Parisien qui veut finir à la fosse commune n'en trouve plus qu'aux cimetières "parisiens" des communes banlieusardes de Bagneux, Pantin et Thiais. Plus une fosse commune dans Paris. "Hors du camp !", était la formule du Moyen Âge contre les lépreux ».

« Sur le plan, poursuit-il, la banlieue parisienne apparaît comme un vaste répertoire d'hommes de gauche (par les rues auxquelles ils donnent leur nom), avec ici et là un îlot de droite, où les voies ont des noms de maréchaux. La droite est à gauche (sur le plan). L'Ouest richard et prétentieux, le Sud-ouest petit-bourgeois, le Nord, l'Est, le Sud-est prolétariens. On dirait que les riches ont construit à l'Ouest alors

* Jehan Rictus, *Les soliloques du Pauvre*

tranquille, laissant aux pauvres la “route de l’invasion”. Tout cela ponctué de forts, de prisons, d’abattoirs, de cimetières et d’asiles d’aliénés.

Thiais paraît sans personnalité. Bagneux est flanqué du fort de Montrouge. La prison de Fresnes et l’asile de Villejuif font charnière entre Bagneux et Thiais. Pantin est flanqué du fort d’Aubervilliers et de la prison de Drancy. Flanqué en outre d’un hôpital franco-musulman, qui doit le pourvoir en morts musulmans de La Chapelle, le quartier le plus pauvre de Paris, si j’en crois une récente statistique de la fortune moyenne dans chaque quartier de Paris. Flanqué enfin des abattoirs de La Villette, ce qui permet de rêver que l’on envoie d’aventure à sa fosse commune, par mégarde, quelque cadavre de taureau abattu. Bref, entre son fort, sa prison, son hôpital et son abattoir, le *pudridero* (pourrissoir) de Pantin, charnier où j’imagine entassés les indigents les plus indigents de Paris, et par là-dessus les Arabes, et par là-dessus les taureaux, me paraît de beaucoup le plus fruité. »

*

À lire en fredonnant

Près de Notre Dame
Parfois couve un drame
Oui mais à Paname
Tout peut s’arranger
Quelques rayons
Du ciel d’été
L’accordéon

D'un marinier
L'espoir fleurit
Au ciel de Paris*

*

– Ah! misérable chien, si je vous avais offert un paquet d'excréments, vous l'auriez flairé avec délices et peut-être dévoré. Ainsi, vous-même, indigne compagnon de ma triste vie, vous ressemblez au public, à qui il ne faut jamais présenter des parfums délicats qui l'exaspèrent, mais des ordures soigneusement choisies.

Charles Baudelaire, *Le Spleen de Paris*

*

Les chiens, compagnons immémoriaux des Parisiens, sont indissociables du paysage de la capitale. Grands, petits, poilus ou tondus, domestiqués ou sauvages, leurs silhouettes ont toujours participé de l'animation des rues de la ville et de certains de ses salons. Leur nature les plaçant aux pieds des hommes, ils se croient invisibles sous les tables de café, quadrillent des cours, traversent des ponts; ils sont parfois errants et efflanqués, on les voit rôder la truffe au sol,

* *Sous le ciel de Paris*, paroles de Jean Dréjac et musique d'Hubert Giraud. Chanson créée par Jean Bretonnière dans le film *Sous le ciel de Paris*, de Julien Duvivier, en 1951, puis immortalisée par J. Gréco, E. Piaf et beaucoup d'autres…

chercher à ronger le détritus ou l'immondice qui encombre la chaussée.

Dans *Parisine*, Nestor Roqueplan écrit que « le chien ne mérite ni des autels ni des villes consacrées ; mais quand l'homme, pour s'emparer de l'univers, a dû commencer par se faire un parti parmi les animaux, et les opposer les uns aux autres, sa première pensée, son premier art ont été l'éducation du chien, l'animal fidèle, sans ambition, sans rancune, sans autre crainte que celle de déplaire. Le plus bel éloge du chien est dans l'impossibilité de résoudre cette question : Que se passerait-il s'il n'existait pas ? »

Il n'est pas une vue de Paris de Jacques Callot sans la silhouette de l'un d'eux qui, au premier plan, chie au nez des passants. Proliférant au fil du temps, le meilleur ami de l'homme finit par incarner à ses yeux un problème sanitaire et sécuritaire ; aussi, au milieu du XVIIIe siècle, les premières campagnes d'empoissonnement apparaissent-elles. Elles consistent à répartir de funestes appâts le long de la voirie. Malgré les protestations des propriétaires d'animaux tués accidentellement par cette entreprise, celle-ci se poursuivra jusqu'au Second Empire qui l'intensifiera. Il est courant d'assister au « spectacle révoltant de chiens se tordant dans les convulsions de l'agonie ». De plus en plus sensibles et de moins en moins tolérants face à ces démonstrations de souffrance, les Parisiens s'organisent. C'est ainsi que naît, en 1845, la Société protectrice des animaux, la SPA, qui a pour but, selon son article premier, d'« améliorer par tous les moyens en son pouvoir le sort des animaux, dans une pensée de justice, de morale, d'économie bien entendue et d'hygiène publique ».

Créées parallèlement aux campagnes d'empoisonnement, les fourrières se développent dans une certaine improvisation mais assurent leur fonction : recueillir et éliminer ces milliers de bestioles encombrantes. Les registres anciens ont disparu dans les incendies de la Commune mais les statistiques des années 1900 à 1910 nous permettent de savoir qu'une fois attrapés, environ 90 % des chiens sont abattus, les autres envoyés à « la science » pour vivisection et quelques rares chanceux rendus à leurs propriétaires. L'extrême brutalité des conditions d'exécution mettra du temps à émouvoir les masses. Jusqu'à la fin du XIXe siècle, les cabots sont noyés ou tués à coups de masse sur le crâne. Ils peuvent aussi être pendus mais cette méthode prend du temps car la strangulation ne les tue pas rapidement. Un homme pendu haut et court meurt en quelques dizaines de secondes ; un chien en plusieurs dizaines de minutes et il faut en plus l'assommer pour qu'il cesse d'aboyer. Dans les années 1860, on pend tous les jours à Paris entre 200 et 300 chiens. La méthode est la même dans toutes les fourrières, ils sont soulevés en groupe par des nœuds coulants et laissés là, pendillant, agonisant, gémissant. Les survivants, car il y en a, sont achevés d'un coup de marteau.

Pour mettre fin à cette pratique, la SPA présente à l'Exposition universelle de 1878 un appareil à asphyxier au gaz d'éclairage. Cette invention, due à un industriel parisien, est adoptée par la fourrière en 1879 mais, dès sa mise en fonction, elle ne satisfait plus la Société de protection des animaux. Les chiens, que l'on introduit par quarante dans une sorte de cuve à gaz, mettent une dizaine de minutes à mourir. C'est encore trop long et trop cruel. Les recherches se poursuivent et, en 1903, la SPA peut faire adopter l'asphyxie au gaz carbonique. Celui-ci achève une meute en trois ou quatre minutes.

Mais les propriétaires, qui savent se débrouiller seuls pour éliminer leur animal de compagnie, se sont longtemps débarrassés de leur cadavre comme d'un pot de chambre. Entre 1899 et 1905, on repêche dans la Seine et la Marne jusqu'à 10 000 chiens morts, chaque année. Un chiffre que certains multiplient par deux, trois ou quatre pour avoir une idée du nombre « réel » d'animaux qui passent au fil de l'eau à la Belle Époque.

En 1910, on ramasse encore 2 695 chats et chiens crevés dans le caniveau.

*

À lire en fredonnant

Mais le matou revient, le jour suivant
Le matou revient, il est toujours vivant*

*

C'est au tournant des XIXe et XXe siècles que les édiles parisiens prennent conscience des risques sanitaires que cette anarchie fait peser sur la population. L'hygiénisme est à la mode puisqu'on commence aussi à encadrer la collecte des déchets ménagers et les abattoirs quittent le centre-ville pour la périphérie – ce sont les grandes heures de La Villette. La

* *Le matou revient*, de Steve Waring, 1981.

municipalité met progressivement en place plusieurs services. Un ramassage est organisé à domicile, à la demande des propriétaires d'animaux morts, et dans les rues, après le signalement par un passant ou lors des tournées de brigades cynophiles, de plus en plus régulières. Pour nettoyer la Seine, les équarisseurs se servent d'abord de chiens dressés à rapporter sur les berges leurs semblables noyés ; ils montent ensuite sur des barques à fond plat pour le faire eux-mêmes.

En 1906, vingt-quatre containers métalliques sont installés aux vingt-quatre portes de Paris afin que les particuliers puissent y abandonner la dépouille de leur fidèle compagnon. Le succès dépasse toutes les prévisions : 17 900 animaux sont ramassés en 1909 et, en 1910, il y en aura 24 606. L'Arche municipale dénombre 8 939 chiens, 2 789 chats, 12 003 rats, 490 oiseaux, 69 porcs et 36 moutons…

*

À lire en fredonnant

Il est mort sans voir le beau temps,
Qu'il avait donc du courage !
Il est mort sans voir le printemps
Ni derrière, ni derrière.
Il est mort sans voir le beau temps,
Ni dernière, ni devant.*

*

* *Le Petit cheval blanc*, texte de Paul Fort mis en musique par Georges Brassens, 1952.

L'antique pratique romaine d'enterrer son animal chéri fut abandonnée à la chute de l'Empire. Elle réapparut à la Renaissance – nous connaissons l'épitaphe de Joachim Du Bellay pour son chien Peloton qui repose sous « une motte verte/De lis et rose couverte » –, mais cette attention maniériste reprise par les Précieuses du XVIIe ne survécut pas à leur siècle. Le XVIIIe, trop occupé à concevoir la place de l'Homme, et le XIXe, qui s'échina à la légitimer, délaissèrent chatons et toutous. C'est aux beaux jours de la IIIe République que l'humanité – bourgeoise –, assurée de sa pérennité, a le loisir d'aménager leurs dernières demeures.

En 1899, le publiciste Georges Harmois et Margueritte Durand, fondatrice du journal *La Fronde*, créent la Société Française Anonyme du Cimetière pour Chiens et autres Animaux Domestiques. Ils trouvent et imposent l'emplacement de ce cimetière inédit sur la pointe de l'île des Ravageurs, à l'ombre du pont de Clichy qui enjambe la Seine vers les guinguettes d'Asnières. C'est l'époque des heureux dimanches au bord de l'eau. Il faut aujourd'hui s'acquitter d'un droit d'entrée de 3,50 euros, au guichet d'une baraque posée à côté du porche Art-nouveau, pour arpenter une langue de gazon descendant sans obstacle vers le fleuve. Les coteaux voisins sont lotis d'immeubles HLM ou laissés vierges et broussailleux. C'est un paysage inhospitalier. Le pont, désormais débauche de béton montée sur piliers monumentaux, est un viaduc pour métros et voitures. Son vrombissement continu s'ajoute à celui qui s'échappe des voies rapides, sur les berges, aménagées pour traverser, sans voir et au plus vite, la banlieue parisienne.

On retrouve, dans ce cimetière aux dimensions de poupées, les mêmes différences que dans ceux dédiés aux grands bipèdes, riches et pauvres se côtoient et se reconnaissent outre-tombe. Une simple plaque d'ardoise posée sur un talus de terre voisine un monument en granit aux lettres d'or. En revanche, une question qu'on ne se pose pas ailleurs s'impose tout le long de ces allées : pourquoi donner un nom idiot à son animal de compagnie ? Ce n'est pas un constat fait à la légère, c'est ici une évidence. Biscotte, Tabou, Caramel, Pacha, Tintin, Chouchou, Poupoune, Sultan, Fripouille, Jujup… certains ont aussi droit à leur photo dans un médaillon émaillé. On voudrait rire qu'on ne le peut pas. Il pèse sur ces tombes d'animaux une densité de sentiments identique qu'au Père La Chaise ; et le kitch n'altère en rien la tristesse, il l'alourdit.

Elvis
À mon fils bien aimé, ta maman qui ne t'oubliera jamais.

Oly
Tu as été notre enfant et le resteras à jamais.

Mon Lyrus,
Mon bébé rose, mon ange, toi et moi nous faisions un.
[*une dame est en photo avec un pitbull*]

Peter (1999-2012)
Mon lapin adoré [*la photo montre un yorkshire*]

L'un des monuments les plus mystérieux et touchants est aussi l'un des plus ostentatoires et anciens. Sous un dais de pierre surmontant une colonne ionique, la silhouette d'une petite chienne se devine dans les plis d'un coussin, comme si ce gisant avait été sculpté d'après nature. Sur sa plaque :

À la mémoire de ma chère
EMMA
Du 12 avril 1889 au 2 août 1900
Fidèle compagne et seule amie de ma vie errante et désolée.

On y trouve aussi des stars, tel Rintintin, qui donna son nom à la série des années 1950, et de véritables héros, comme le chien Moustache, mascotte de la Grande Armée tué lors de la campagne d'Espagne le 11 mars 1811. Barry, son contemporain, appartenait aux moines de l'hospice du Grand-Saint-Bernard. On dit qu'après avoir « sauvé la vie à 40 personnes, il fut tué par la 41e ! ». Il eut sa statue monumentale en 1900. Ailleurs, une modeste plaque nous apprend qu'« Ici reposent 100 chats de l'association des Amis des chats d'Asnières ». Plus modeste et plus anonyme encore, une autre, au ras du sol, marque la sépulture d'un chien errant venu mourir, le 15 mai 1958, aux portes du cimetière. La direction décida de lui offrir ce toit, le seul qu'il aura jamais eu.

*

Rue de Lille, dans le jardin de l'hôtel de Seignelay qui s'étend vers la Seine, une minuscule pierre tombale est posée à même la pelouse. Sur quelques dizaines de centimètres carrés, on peut lire, d'une belle écriture gravée : « Ici, à l'ombre d'un palmier, a été enterré Coco, chien de Sa Majesté la reine Marie-Antoinette qui l'avait confié lors de son arrestation à Madame de Tourzel, gouvernante des Enfants de France. » Un palmier y est bien figuré, mais Coco n'était pas le chien de la reine. Cet épagneul nain fut l'éphémère compagnon de captivité de son fils, le malheureux Louis XVII. Séquestré dans une cellule insalubre de la prison du Temple, privé de toute visite, le jeune garçon mourut d'abandon et de mauvais traitements, âgé de dix ans à peine, le 8 juin 1795. On donna alors l'animal à sa sœur, Madame Royale, enfermée dans une geôle voisine. Libérée en décembre de la même année contre des prisonniers faits par l'Autriche, l'unique survivante de la famille l'emporta dans son exil viennois. Et lorsqu'elle revint à Paris sous la Restauration, celui-ci était encore à ses côtés. Coco trépassa peu de temps après leur retour, à l'âge honorable de vingt-deux ans, et fut effectivement enterré dans ce jardin par la duchesse de Tourzel, elle-même auréolée d'un âge respectable.

*

Nulle distance ne peut te décourager,
Tu arrives en volant, fasciné,
Et enfin, amoureux de la lumière,
Tu es, papillon, consumé.

Et tant que tu ne détiens pas
Ce : Meurs et deviens !
Tu n'es qu'un hôte obscur
Sur cette terre ténébreuse*.

---

* Goethe, *Divan occidental-oriental.*

NE PLUS VOIR

On n'immobilise pas
une capitale comme la nôtre;
il faut que le progrès passe
et que les maisons croulent.
Ce qui étonne, c'est que
depuis le temps qu'on les jette à bas,
il en reste encore et en si grand nombre.

G. Lenôtre

Il était minuit lorsque je passai devant la boutique du restaurateur d'horloges anciennes située non loin de chez moi. Je sus l'heure car, de derrière les volets fermés, j'entendis sonner toutes les pendules de l'atelier. Le silence de la ville déserte permettait de détacher le son de chacune, avec son ton et selon sa façon, cliquetis aigu et gong profond, clochette sautillante, carillon mélodieux et sobre martèlement. J'imaginais tous ces cadrans invisibles, cartels, horloges de tables, montres gousset et mécanismes orphelins de leurs coffres qui donnaient de la voix, et me revint cette visite de la comtesse de Boigne à sa vieille parente la duchesse de Châtillon. Dans ses *Mémoires*, elle raconte qu'« elle habitait, dans son magnifique hôtel de la rue du Bac, une grande pièce qu'elle appelait son cabinet, meublée avec beaucoup de luxe antique et fournie de huit à dix pendules qui toutes marquaient le temps d'un ton et d'un mouvement différents ».

Il en est ainsi des rues, des monuments et des immeubles de Paris, jusqu'au mobilier de leurs intérieurs. Chacun donne son heure à la manière de son temps et à celle d'époques que nous ne vivrons jamais ; et nous vivons pourtant dedans. Dès lors, à quel temps se vouer ?

En 2016, la galerie Kugel offrit une exposition des plus rares. Dans ses salons que j'associe à des boîtes à musique – chaque porte franchie est un couvercle ouvert sur un monde fabuleux – étaient réunies des horloges Renaissance aux formes d'animaux ; trente et une beautés d'un bestiaire mécanique témoignaient de la délicatesse des princes électeurs de Saxe, du savoir-faire des orfèvres de Nuremberg et d'Augsbourg, de cette esthétique singulière et troublante propre au XVIe siècle européen. Bichons assis, singes acrobates, cerfs cabrés, lions ailés, agneaux couchés, éléphants déguisés, dromadaires montés par des Turcs ou conduits par de jeunes esclaves… La ménagerie s'enrichissait de chars de Bacchus, de bateaux aux voiles gonflées, de tours de Babel, de belvédères et de clochers de tables, de muses et d'allégories, de sphères armillaires.

Ces figures ciselées dans l'or, dans l'argent et le laiton rehaussé d'émail roulaient des yeux, tournaient les oreilles, tiraient la langue ou carillonnaient à heure fixe ; elles entouraient, soutenaient ou accompagnaient chacune leur cadran, comme si la beauté et le divertissement pouvaient excuser le temps qui passe.

*

« Cette pendule de Saxe, qui retarde et sonne treize heures parmi ses fleurs et ses dieux, à qui a-t-elle été ? Pense qu'elle est venue de Saxe par les longues diligences d'autrefois. »

Stéphane Mallarmé, *Frisson d'hiver*.

L'horloge du Sénat est en avance de près d'une minute sur les cloches de Saint-Sulpice qui, elles, sonnent à l'heure.

On raconte que Chateaubriand, voisin et amant de Mme Récamier, se rendait chez elle chaque jour à la même heure avec une telle exactitude, que les passants de la rue de Sèvres remontaient leurs montres en le voyant franchir le porche de l'Abbaye-au-Bois où habitait l'éternelle odalisque.

*

En 1935, Élisabeth de Gramont pouvait écrire : « La France est un pays où les mentalités ne sont pas unifiées, dans la seule ville de Paris chaque siècle du passé a ses représentants. Ces magistrats, ces grands parlementaires, ces ecclésiastiques pensent et parlent comme au XVIIe siècle ; ces philosophes, ces écrivains, ces causeurs vivent sous le règne de Louis XV. Le XIXe siècle se continue avec ses économistes, ses financiers et ses vieux mondains et les habitants des quartiers riches se bouchent les oreilles quand ceux de Belleville, de Puteaux et de la zone vocifèrent. Des familles patriarcales considèrent les îlots de pourriture comme des imaginations de mauvais littérateurs pendant que les femmes qui rentrent à cinq heures du matin ignorent qu'une partie de la rive gauche éteint ses lumières à 10 h 30. Les provinces ont leurs siècles : la

Normandie appartient au XIIe, le Nord au XXe et le Midi est opportuniste. »

*

J'aime lire les plaques qui commencent par « Ici s'élevait ». Je sais qu'elles me raconteront une belle histoire qui me prouvera que la morphologie des rues familières n'a jamais été celle que nous connaissons. Parmi ces inscriptions publiques il en est une qui, conçue pour être imposante aux yeux des passants, leur est invisible. Ce n'est pas une plaque mais un véritable cartouche, de la hauteur d'un étage et placé à un étage élevé, gravé dans la même pierre de taille que l'immeuble, entre deux balcons. On y lit :

ICI S'ÉLEVAIT UN HÔTEL OÙ MOURUT LE 11 FÉVRIER 1868 JEAN-BERNARD-LÉON FOUCAULT, MEMBRE DE L'INSTITUT, NÉ À PARIS LE 19 SEPTEMBRE 1819. C'EST DANS CET HÔTEL QU'IL RÉALISA, EN 1851, LA CÉLÈBRE EXPÉRIENCE QUI DÉMONTRE LA ROTATION DE LA TERRE PAR L'OBSERVATION DU PENDULE.

Ce n'est pas rien, et c'est à l'angle des rues d'Assas et de Vaugirard.

*

Dans ses *Histoires*, Polybe estime que le véritable historien n'est pas celui qui passe sa vie dans les bibliothèques mais celui qui, tel Ulysse, *va y voir*. L'historien n'est pas un homme de lettres mais un homme de terrain. L'histoire, selon François Hartog, exige « souffrance et dépense ».

À la mort d'Alexandre Privat d'Anglemont, Alfred Delvau dira : « Comme Mercier, Privat a écrit des livres avec ses jambes. »

*

On ne voit plus le sol de Paris, la couleur de sa terre, sauf à passer à côté d'un chantier de conduites d'eau, de gaz ou d'électricité. Les parois des tranchées creusées en plein trottoir révèlent au premier abord un terrain humide, brunâtre et bien tassé. En y regardant de plus près, et si la saignée dans l'asphalte est profonde, on distingue des strates régulières de craie, de calcaire pisolithique, d'argile, de sable et de gypse. En s'approchant encore, on découvre une quantité de débris fossiles de mollusques, poissons, reptiles et mammifères.

Émile de Labédollière nous rappelle que cette terre, avant d'être foulée par nos pas, était un fond marin très fréquenté.

« C'est d'abord un vaste golfe, et, pour en dessiner les contours, il faut tracer une ligne dont les points de repère sont les emplacements actuels des villes de Mantes, Dreux, Fontainebleau, Nemours, Montereau, Épernay, Laon, Compiègne et Gisors. Quelques îles sortent çà et là du sein des flots. [...] Les côtes, hérissées de rochers, de falaises crayeuses, bordées de bancs de sable où les tortues et les trionyx déposent leurs œufs, ont l'aspect le plus sauvage. La végétation n'existe nulle part. Les seuls habitants du golfe sont des poissons, des requins, des chéloniens, et surtout une variété infinie de mollusques, d'astéries, de bélemnites, de radiaires, de zoophytes. La mer se retire. Sur la base du calcaire marin se forment des lits d'argile, de sable, de grès. Le sol s'exhausse ; une végétation luxuriante le couvre et l'enrichit ; les quadrupèdes paraissent. Le palœtère, sorte de tapir aux jambes grêles, abonde depuis la porte Saint-Denis jusqu'à Pantin. La loutre guette le brochet sur le port Saint-Nicolas ; le renard chasse le lapin dans la forêt du Louvre ; le mosasaure, lézard gigantesque, rampe dans les vases des marais. L'anaplothère, pachyderme à poil lisse, déracine, au fond de la Seine, les plantes aquatiques ; l'anthracotère, sorte d'hippopotame, se vautre dans les roseaux. Un animal du genre *canis*, mais différent de nos chiens actuels, rôde au milieu des bois. La sarigue à queue prenante saute de branche en branche, et cache ses petits dans sa bourse abdominale. Ces animaux inoffensifs et leurs variétés ont pour ennemis un raton gros comme un loup et d'une férocité supérieure, un carnassier du genre des genettes, un autre genre des civettes, et les monstrueux crocodiles qui ont établi leur quartier général dans la Cité. »

On découvrit, au début du XIXe siècle, cinq espèces de *palœoterium*, un quadrupède. Deux squelettes de cette bête furent exhumés dans les carrières de Montmartre. Leurs proportions sont celles d'un tapir grand comme un cheval, c'est le *palœoterium magnum*. Le *palœoterium crassum* ressemble au *magnum* a ceci près que sa stature est celle d'un cochon, avec les pieds larges et courts. Le *palœoterium medium* présente, lui, de très hautes pattes. Quant au *palœoterium minus*, dont un squelette entier fut trouvé aux carrières de Pantin, il n'est pas plus grand qu'une chèvre.

*

Daniel Halévy se souvenait « que Paris avait un charme qu'il n'a plus quand on se guêtrait, équipait de bon matin, rue Richelieu, et rapportait, après trois heures d'absence, un lièvre et six perdrix. Montmartre : imaginons un pays de jardins ; mieux encore, imaginons des pentes d'ombrages et d'herbages. Aux environs de l'an 1840, ma grand-mère y conduisait mon père, enfant délicat, pour lui faire prendre du lait dans les fermes, vers la barrière des Martyrs ».

Mon grand-père racontait qu'il voyait encore après-guerre (la dernière), un berger menant paître ses moutons, tous les jours, entre Montrouge et Montsouris.

*

La terre de Paris pose aujourd'hui problème par les volumes qu'il faut déplacer lors de grands travaux. Une plaquette du Pavillon de l'Arsenal nous l'explique dans un style peu fleuri : « Particulièrement encombrants à stocker, importuns et polluants à déplacer, complexes à traiter et parfois toxiques, les déblais souterrains interpellent. Le trop-plein préoccupe alors que la surface de stockage francilienne disponible tend à diminuer. Le transport inquiète d'autant que le surplus des déblais du Grand Paris Express à déplacer jusqu'à son achèvement, équivalent à 7 000 piscines olympiques de terres à traiter, nécessiterait 1,5 million de semi-remorques, soit 75 camions évacuant en moyenne 2 000 tonnes par jour pendant quinze ans. À l'air libre, la réglementation fait de la terre un déchet, *alma mater* s'agrégeant aux autres rebuts du BTP. Sur les fondements des études menées par la Société du Grand Paris, les volumes excavés devraient être constitués à

10 % de terres polluées, à 45 % de terres gypsifères et à 45 % de terres inertes : la façon dont ces terres seront traitées représente un enjeu financier et écologique considérable. [...] La terre crue est depuis 10 000 ans un éco-matériau universel de construction et un tiers de l'humanité vit aujourd'hui dans des édifices en terre. »

Ce dernier constat pourrait donner quelques idées à certain.e.s.

Mais que reste-t-il une fois que l'on a excavé ? Le vide. Une très grande partie de Paris repose sur des strates inexistantes, du nord au sud et d'est en ouest ; des carrières de Gentilly, Montsouris et Montrouge aux rues de l'École-de-Médecine et du Vieux-Colombier, les environs de l'Odéon ; il en est de même du Muséum d'histoire naturelle jusqu'à Vaugirard.

*

La rue Mouffetard, dans le Ve arrondissement, demeure une curiosité. Tracée par les Romains qui arrivaient du sud par les coteaux de la Bièvre afin de gagner le sommet de la montagne Sainte-Geneviève, elle fut maintes fois détruite, rognée, lotie et rebâtie. Elle a cependant conservé son tracé antique, jusqu'à la rue Bazeilles qui suivrait l'exact emplacement du pont que les légionnaires avaient jeté sur la rivière.

Longtemps, cette voie étroite fut la seule praticable à la sortie de Lutetia pour se rendre à Massalia par Lugdunum. Et pendant cinq cents ans, la rue Mouffetard resta hors les murs de Paris.

En contrebas, après le faubourg Saint-Marcel, le bourg Saint-Marcel s'étendait sur la rive droite, avant le bourg Saint-Médard bâti au IXe siècle sur la rive gauche. La vallée de la Bièvre n'est qu'un lointain souvenir et ce sont les auteurs de la fin du XIXe qui l'ont poétisée, embellie par leurs écrits, en immortalisant les cabarets où l'on buvait du vin clairet et les auberges saturées du fumet des sautés de lapin ou des matelotes d'anguilles.

Au XVIIe siècle, alors que s'installaient les tanneurs sur ses berges, la Bièvre n'a pas bonne réputation. « Est-ce de la boue ou de l'eau ? Est-ce de la suie ou de l'encre ? », se demande Claude Le Petit qui refuse d'appeler rivière « un pot de chambre de pourceaux ». Plus tard, Balzac, dans *La Femme de trente ans*, décrira ses eaux noires « dont le lit a dix pieds de boue puante ». Ce seront finalement les frères Goncourt, dans *Manon Salomon*, qui offriront une nouvelle façon de voir la Bièvre et ses environs. Crescent, fils de paysans venu à la capitale, découvre ce qui lui « a ouvert la grande fenêtre sur l'art ». Le héros se met alors à peindre ce paysage parisien où l'on sent « le rachitisme mélancolique de ces prés fanés et jaunis sur place ». Huysmans ne fera que développer cette pensée, mais de façon si ample et si personnelle qu'on en dirait le créateur. Celui-ci écrit qu'« au fond, la beauté d'un paysage est faite de mélancolie. Aussi la Bièvre, avec son attitude désespérée et son air réfléchi de ceux qui souffrent, me charme-t-elle plus que toute autre et je déplore comme un suprême attentat le culbutement de ses ravines et de ses arbres ! »

La Bièvre, après avoir fait la fortune des tanneries, des moulins et de la tapisserie des Gobelins, fut murée sous le boulevard de l'Hôpital avant d'être entièrement recouverte en 1912.

En 1665, Colbert avait voulu connaître « la quantité de maisons, familles, emplois et conditions des habitants du faubourg Saint-Marcel ». Le commissaire Dominique Manchon sillonna ce quartier durant tout le mois de mars. Émile Magne, qui lut son procès-verbal, nous dit que ce fonctionnaire releva 950 maisons dans lesquelles vivaient 2776 ménages (on ignore le nombre d'habitants). Figurent parmi eux trois faiseurs de ballets, une vendeuse de pissat qui fournissait les ateliers de seize maîtres teinturiers et quatre marchandes d'allumettes. Il dénombra 56 rentiers, 72 personnes vivant d'aumônes ou de tricots et 246 porteurs. Le faubourg était alimenté par 40 boulangers, 75 fruitiers, 49 marchands de vin, 12 brasseurs, 11 épiciers, 7 rôtisseurs, 10 pâtissiers et un marché aux puces ; l'ensemble se concentrant aux abords de l'église Saint-Médard et tout le long de la rue Mouffetard.

À deux pas de là et bien plus tard, rue Broca, une maison entretiendra sans le savoir cette vieille tradition des maîtres brasseurs intramuros. La Bière Demory, établissement fondé en 1827, y avait ses vastes entrepôts, ses cuves, ses tonneaux et sa chaîne d'embouteillement. En 1830, elle ouvrit sur la rue un restaurant, une *brasserie*, qui rencontra un succès considérable jusqu'à sa fermeture en 1930. Durant un siècle, le Tout-Paris des lettres et amateurs de mousse se retrouvèrent autour des guéridons de la Brasserie Demory. La salle étalait ses vitrines sur la longueur de l'immeuble, de part et d'autre de la porte cochère.

Aujourd'hui, il y a d'un côté des bureaux et, de l'autre, un restaurant « Vietnamien-Thaïlandais-Japonais ».

Quant aux entrepôts qui occupaient le centre de l'îlot vers la rue Claude-Bernard, ils ont été rasés pour laisser place à un building-1960.

*

C'est à l'église Saint-Médard, en 1561, que les huguenots – nombreux dans ce faubourg – préfigurent les guerres de Religion en saccageant son intérieur. Elle est l'une des plus anciennes de Paris et, depuis le XVe siècle, les étals du marché ornent quotidiennement son parvis. De nos jours, chaque dimanche, des chanteurs certifiés « titis » invitent le chaland à pousser la chansonnette.

Le reste du temps, la placette, ses cafés et son bout de rue entretiennent une tranquillité miraculeuse, un morceau de ville suspendu. La seule animation – prévisible – surgit à l'heure de la sortie des écoles voisines. Ce sont des classes de maternelles qui manifestent déjà la joie de quitter les contraintes et les obligations ; on la reconnaît à leurs cris. Ce faisceau suraigu retentit également les après-midi de fin de semaine, le long de la façade gothique de l'église, où se trouve un square planté de quelques balançoires et de jeux d'équilibre entourés de buissons et de bancs parentaux. C'est l'emplacement exact de l'ancien cimetière. Là-même où eurent lieu les célèbres scènes de convulsionnaires.

Les Parisiens du XVIIIe siècle étaient encore crédules et friands d'histoires surnaturelles, de miracles ; ça passionnait, ça occupait et ça se cancanait aisément.

En mai 1727, le curé de Saint-Médard, le très janséniste François Pâris – connu pour tomber en convulsion à force de jeûnes et d'ascèse –, fut inhumé au pied de son clocher. Deux jours après son enterrement, une paralytique affirma avoir retrouvé l'usage de ses jambes en se rendant sur sa tombe.

Il n'en fallait pas plus pour provoquer la ruée.

Des malades vinrent prier, faire des neuvaines, se procurer des morceaux de son lit, de la laine de son matelas, des lambeaux de ses vêtements, des sachets de terre ou un peu d'eau de la fontaine du cimetière. Le 29 mars 1728, l'écho de la guérison d'une femme venue de l'île Saint-Louis consacra la réputation miraculeuse du lieu. L'historien Yves-Marie Bercé note que, « jusque-là, la plupart des visiteurs souffraient d'infirmités, de maladies de peau, de troubles de la vue, c'est-à-dire de maux souvent recensés dans les sanctuaires de pèlerinage parce que leur guérison était plus vérifiable, soudaine et spectaculaire ». C'est ici que les choses changèrent en 1730, quand fut reconnue la première guérison d'une hystérique. Anne Lefranc, 36 ans, depuis longtemps infirme et agitée. Elle avait eu, dit-on, une centaine de syncopes et des convulsions où son corps arqué avait été maintenu par quatre personnes. Elle fut « guérie » le 26 octobre mais l'enquête ordonnée par le lieutenant de police, en janvier 1732, contesta le miracle. Les médecins affirmèrent qu'il ne s'agissait que d'une suspension des règles et d'une « affliction hystérique fort commune dont la guérison ne paraît extravagante qu'à ceux qui ne sont pas versés dans l'art de guérir ».

À l'été 1731, Aimée Pivert, 42 ans, infirme des jambes, arriva de Sens. Elle entendit ses os craquer puis des convulsions la secouèrent si violemment que les témoins dirent qu'elle était « possédée ou ensorcelée ». Elle accomplit trois neuvaines complètes et, le 20 août, put repartir en marchant sur ses pieds, sans béquilles. Elle n'avait jamais eu de convulsions auparavant, elles étaient apparues à son arrivée au tombeau, à l'instar de sa guérison.

Dès lors s'opéra ce glissement : les convulsions n'étaient plus une maladie mais le remède.

Pierre-Marie Bercé précise aussi que la visite d'Aimée Pivert instaura une nouveauté : elle se fit en présence d'un auditeur des comptes, de deux avocats au Parlement et de plusieurs notables. « Avec elle, les miracles du tombeau du diacre ne s'arrêtaient plus aux servantes et aux pauvres, ils accédaient à la respectabilité sociale, ils entraient dans la gouvernance du royaume. Effectivement, une dispute d'envergure politique fut engagée. En août 1731, l'afflux de pèlerins au cimetière était devenu incessant, organisé par appel dans les paroisses avec un accueil aménagé : une toile cirée pour permettre de s'étendre sur la tombe, des coussins pour amortir les chutes, des hommes forts pour aider les infirmes et contenir les agités, des religieuses de sacristies pour faire reposer les pèlerins. Les curés de vingt-quatre paroisses de Paris adressèrent alors à l'archevêque une supplique pour la reconnaissance des faits, pour les "publier solennellement aux peuples". » On croirait voir *Le Miraculé*, de Jean-Pierre Mocky.

En janvier 1732, une commission de vingt-quatre médecins et chirurgiens fut nommée par le lieutenant de police pour examiner les prétendus miraculés. Ils trouvèrent sans surprise des dizaines de supercheries. Un garçon de

12 ans leur expliqua « qu'il se procurait de violentes agitations lorsqu'il le voulait », qu'il avait pris des leçons d'un apprenti maréchal-ferrant et qu'il savait jouer des yeux, de la mâchoire, des doigts, des membres et du tronc. Un marchand mercier « nous a avoué qu'il se donnait [des crises] volontairement et s'est offert de faire les mêmes mouvements en notre présence ». Ces rapports d'interrogatoires révélèrent une sorte de liturgie coutumière qui s'était forgée au fil des mois et dans laquelle le sujet mimait d'abord consciemment l'hystérie avant d'en être atteint, plus ou moins malgré lui.

Ces manifestations quotidiennes d'agités, cette foule gesticulante, baveuse et hurlante eurent raison du diacre bienheureux. Le 27 janvier 1732, une ordonnance royale imposa la dispersion des religieux trop zélés et la fermeture du cimetière. Le « convulsionnisme » était attaqué de toutes parts, même par la hiérarchie catholique qui dénonça son caractère de « scandaleuse comédie » et, en 1735, l'archevêque de Paris en officialisa la « non-surnaturalité ».

« À partir de là, note encore Bercé, les médecins imposent leur autorité face à celle de l'Église. Parce qu'ils ont depuis plusieurs années établi le lien entre émotions et mouvements corporels, ils estiment que l'étude des agités de Saint-Médard revient à la médecine, non aux théologiens. En janvier 1735, le Parlement de Paris interdit toute entreprise de convulsionnisme. L'enclos du diacre de Saint-Médard fut fermé, obligeant les exaltés à trouver de nouveaux miracles dans d'autres paroisses parisiennes ou en province. »

Comme tous les cimetières de la capitale, celui de Saint-Médard fut vidé à la fin du XVIIIe siècle ; mais à l'inverse de tant d'autres, l'urbanisation du quartier préserva son périmètre. Les contreforts de l'église plongent désormais dans les bosquets du square et les cris d'enfants remplacent ceux des possédés.

*

À la fin des années 1870, un rapport de la Société des Arts appliqués à l'Industrie note : « Nous nous étonnons parfois de voir que dans certaines époques privilégiées, tous les objets fabriqués portent le même cachet de solidité et d'élégance, et qu'on n'y trouve rien qui rappelle ce que nous nommons aujourd'hui pacotille ; mais nous oublions que la corporation, jalouse de l'honneur du métier et usant despotiquement de ses privilèges, n'aurait pas toléré la mise en vente d'un objet mal fabriqué. » Des siècles durant, les corporations d'ouvriers et d'artisans jouèrent un rôle central dans la vie de la ville. Elles la faisaient, l'entretenaient et l'animaient. Elles avaient aussi une activité charitable. Ainsi celle des orfèvres offrait chaque année, à Pâques, un somptueux repas à l'Hôtel-Dieu où prenaient place jusqu'à mille sept cents miséreux.

*

La statue équestre de Jeanne d'Arc, place des Pyramides, n'est pas au bon endroit, à quelques centaines de mètres près. Comme celle du maréchal Ney, qui ne fut pas fusillé devant la Closerie des Lilas mais devant les grilles de l'hôpital Cochin, avenue de l'Observatoire. Le 8 septembre 1429,

Jeanne et son armée sont devant la porte Saint-Honoré. C'est une position stratégique car la butte Saint-Roch, à laquelle ils sont adossés, leur permet de surélever leur artillerie. Il s'y tient, hors période de guerre, un marché aux pourceaux. Entre les soldats royaux et la porte se trouvent des douves en eau ; et c'est en sondant ce fossé afin de savoir combien de fagots de bois il faudrait jeter pour le traverser, que la Pucelle fut blessée. Elle reçut un vireton d'arbalète qui lui traversa la cuisse de part en part. Elle ne succomba pas à cette blessure, la quatrième depuis qu'elle portait l'épée, et lança à ses hommes : « Chacun doit s'approcher des murs et la place sera prise ! » Ce ne fut pas le cas et Jeanne se replia à Saint-Denis. Elle reviendrait, toujours à cheval, dès le 10 septembre, porte Saint-Denis cette fois, et rencontrerait la même résistance des Bourguignons qui, vraisemblablement, exécutaient les ordres de Charles VII, lequel jouait alors double jeu (on ne le saura jamais).

Le fossé où elle fut blessée correspond à la rue de Richelieu, et le marché aux Pourceaux, *grosso modo*, à l'immeuble du numéro 15. Jeanne fut transpercée devant l'entrée de la Comédie française, non devant celle de l'hôtel Regina. Le discret médaillon en bas-relief enchâssé dans la façade du 163, rue Saint-Honoré, est donc, à peu près, au bon endroit.

Quant à sa statue en pied boulevard Saint-Marcel, à l'entrée de la rue Jeanne-d'Arc, on se demande pourquoi l'une et l'autre sont là.

La statue de Louis XIV que nous voyons aujourd'hui place des Victoires n'est pas celle pour laquelle cet écrin fut édifié.

La première n'a pas été la seule de Paris à avoir été détrônée mais en fut l'une des plus étonnantes.

En 1685, Jules-Hardouin Mansart est chargé par le Conseil du Roi de dessiner une place en l'honneur de ses victoires. Le grand architecte imagine l'espace circulaire que nous connaissons mais ses plans seront fortement influencés par le duc de La Feuillade qui ne savait, jusque-là, comment démontrer à la face du monde la dévotion qu'il nourrissait pour son souverain. Ne regardant pas à la dépense, il rachète l'hôtel de la Ferté-Senneterre pour le raser et exproprie quelques habitants encombrants afin de libérer le centre de la future place qui accueillera la fameuse statue dont il rêve depuis 1681. Les nouvelles rues percées permettront même de l'admirer depuis les fenêtres du Louvre.

Le sculpteur Martin Desjardins lui livre un bronze monumental (12 mètres de haut, c'est alors le plus haut de Paris). Louis XIV est en pied, en costume de sacre et couronné par une Victoire ailée. Aux quatre angles du piédestal, quatre esclaves le genou plié représentent les nations vaincues pendant la guerre de Hollande : l'Espagne, les Provinces-Unies, le Brandebourg et l'empire des Habsbourg ; le roi foule lui-même du pied Cerbère, symbole de la Triple-Alliance. Les côtés sont ornés de bas-reliefs représentant les épisodes de l'épopée, tels le passage du Rhin, la prise de Besançon et la paix de Nimègue. Craignant la sobriété, La Feuillade demande que le groupe soit doré à la feuille d'or et commande, pour être placés à bonne distance de l'ensemble, quatre colonnes surmontées chacune de fanaux de marine afin d'éclairer, à la nuit tombée, ce brillant monarque ; ainsi que cette dédicace : *Viro immortali*.

L'inauguration a lieu en 1686, en l'absence du roi représenté par le dauphin, et la Cour qui s'y presse s'offusque de tant d'idolâtrie. Dans ses *Mémoires*, l'abbé de Choisy compare la cérémonie aux rites des Romains : « La Feuillade fit trois tours à cheval autour de la statue, à la tête du régiment des gardes dont il était colonel, et fit toutes ces prosternations que les païens faisaient autrefois devant les statues de leurs empereurs. » Saint-Simon estime que « ce n'est pas point trop dire que, sans la crainte du diable que Dieu lui laissa jusque dans ses plus grands désordres, il se serait fait adorer et aurait trouvé des adorateurs ; témoin entre autres ces monuments si outrés, sa statue de la place des Victoires et sa païenne dédicace où j'étais, où il prit un plaisir exquis ». Toujours sur cette dédicace, le chanoine Nicolas Feuillet se demande : « Est-ce que le roi sera dorénavant le dieu des Français ? On dédie à Dieu des temples, mais je n'avais point vu que l'on eût fait la dédicace d'un homme mortel et chrétien. »

Les réactions sont quasi unanimes – au sein même de sa famille ; tous reprochent à Louis XIV d'encourager l'idolâtrie en offrant son effigie à une forme de vénération réservée aux images du Christ, de la Vierge et des saints. Même Robert Challes, qui eut maille à partir avec la papauté, ne cache pas son hostilité en écrivant que « toute la terre a été étonnée de voir qu'à la honte de la religion, il se soit trouvé parmi les chrétiens des âmes assez basses et assez impies pour lui avoir attribué le titre d'immortel ».

En 1688, le juriste François Lemée publie, vraisemblablement à la demande de La Feuillade qui souhaite apaiser les esprits, un *Traité des statues*, dans lequel il balaie tous les reproches faits au roi en posant les jalons d'une nouvelle pensée sur l'idolâtrie. « Pourquoi dire que les honneurs rendus à cette statue royale ne se rapportent pas à celui qu'elle représente ?, écrit-il. Pourquoi, si l'homme mérite d'être respecté à cause qu'il est appelé l'image de Dieu, le bronze n'aura-t-il pas un pareil avantage, puisqu'on peut dire en le montrant, voilà le roi ? Or, les philosophes nous enseignent que cette façon de parler n'est point impropre : car encore qu'il y ait bien de la différence entre la substance de l'un et de l'autre, et que le roi ne soit pas la moindre particule de la statue, comme elle n'est pas la moindre particule du roi, la ressemblance néanmoins qui se rencontre entre eux, leur communiquant le même nom et la même figure, fait qu'ils paraissent aussi une même espèce : la figure étant l'indice et la compagne de la forme substantielle. » On lit plus loin : « Protarque disait que les pierres des autels sont heureuses parce qu'elles reçoivent des honneurs ; et c'est sans doute aussi la raison pourquoi les cours complimentent un fils de France dans son berceau, qu'on est nu-tête devant le buffet du roi, et qu'on se tient avec le même respect dans sa chambre en présence de son portrait. »

Pour Caroline van Eck, auteur d'une étude sur cette curiosité parisienne, « c'est ainsi qu'une réfutation des accusations d'idolâtrie formulées au sujet de Louis XIV et de son monument se transforme en une réévaluation fondamentale du pouvoir de l'art, de ses utilisations politiques et de ses effets esthétiques ».

*

La furie déboulonneuse de statues n'est pas nouvelle. L'iconoclasme de la Réforme au XVIe siècle n'a eu d'égale que celle de la *réforme* de 1789. Quant à celle de 1871, elle fut brève mais spectaculaire.

« On septembrise des ruines » (Victor Hugo).

Il ne fallut que quelques jours, au lendemain du 10 août 1792, pour effacer du paysage parisien toute effigie du pouvoir royal. La première sur laquelle le sort s'abattit fut la statue de Louis XIV par Coysevox, à l'Hôtel de Ville – inaugurée le 14 juillet 1689 –, elle eut la chance de n'être que retirée de l'espace public et c'est pourquoi nous pouvons encore la voir au musée Carnavalet. Les autres prirent la direction de la fonderie. Henri IV quitta le Pont-Neuf, Louis XIII la place Royale (place des Vosges), Louis XIV la place Vendôme et la place des Victoires, Louis XV la place Louis XV (la Concorde) et ne comptons pas les statues religieuses.

Jusqu'au 10 août, toutes étaient restées inviolées sur leurs socles. Le 14, l'Assemblée promulgua le décret suivant :

« L'ASSEMBLE NATIONALE, considérant que les principes sacrés de la liberté et de l'égalité ne permettent point de laisser plus longtemps sous les yeux du peuple français les monuments élevés à l'orgueil, au préjugé et à la tyrannie ;

Considérant que le bronze de ces monuments, converti en canons, servira utilement à la défense de la patrie, décrète qu'il y a urgence.

L'Assemblée nationale, après avoir décrété l'urgence, décrète ce qui suit :

Article premier

Toutes les statues, bas-reliefs, inscriptions et autres monuments, en bronze ou en toute autre matière, élevés dans les places publiques, temples, jardins, parcs et dépendances, maisons nationales, mêmes dans celles qui étaient réservées à la jouissance du roi, seront enlevées à la diligence des représentants des communes, qui veilleront à leur conservation provisoire.

Article second

Les représentants de la commune de Paris feront, sans délai, convertir en bouches à feu tous les objets énoncés en l'article premier existant dans l'enceinte des murs de Paris, sous la surveillance du ministre de l'Intérieur, de deux membres de la Commission des armes et de deux membres de la Commission des monuments.

Article troisième

Les monuments restes de la féodalité, de quelque nature qu'ils soient, existant encore dans les temples ou autres lieux publics, et même à l'extérieur des maisons particulières, seront, sans aucun délai détruits à la diligence des communes.

Article quatrième

La Commission des monuments est chargée expressément de veiller à la conservation des objets qui peuvent intéresser essentiellement les arts, et d'en présenter la liste au Corps législatif, pour être statué ce qu'il appartiendra.

Article cinquième

La Commission des armes présentera incessamment un projet de décret, pour employer d'une manière utile à la défense de chaque commune de la France la matière des monuments qui se trouveront dans leur enceinte. »

Et voilà.

*

Avant l'instauration de cet iconoclasme d'État, des voix s'étaient élevées pour en finir une fois pour toutes avec la statue dorée de la place des Victoire.

À l'approche de la fête de la Fédération, le 19 juin 1790, le député Alexandre de Lameth demanda devant l'Assemblée que soient enlevés les quatre esclaves autour du piédestal. L'abbé Maury répondit que ce monument n'avait pas dû sa naissance à un ordre de Louis XIV mais à l'initiative de La Feuillade qui témoignait « la plus vile adulation ». Mais, ajouta Maury, « puisqu'on veut détruire tout ce qui sent l'esclavage, les regards du patriotisme ne doivent-ils pas se porter sur la statue de Henri IV, dont quelques-unes des inscriptions sont uniquement à la louange du cardinal de Richelieu ? Il a aussi à ses pieds des esclaves enchaînés, mais ce sont des emblèmes qui représentent les vices : les amis de la liberté n'en sont point offensés. Je crois qu'il ne faut pas toucher à la statue de Louis XIV. La philosophie doit conserver ce monument pour montrer à la postérité comment on flattait les rois. Il fut trop flatté pendant sa vie, mais trop méconnu après sa mort : c'est un roi qui n'avait peut-être pas autant de grandeur dans le génie que dans le caractère ; mais il est toujours digne du nom de *grand*, puisqu'il a agrandi son pays. Quand vous érigerez des monuments, vous ferez voir la différence qu'il y a du XVIIe au XVIIIe siècle». Ce qui peut nous paraître étonnant, c'est que ce discours fut bien accueilli. Louis XIV demeura debout sur sa place encore deux ans, mais finit tout de même par être dépouillé de ses esclaves.

Durant ce sursis, d'autres eurent d'autres idées qui en disent long sur leurs idées reçues. Ainsi, Dulaure, furieux qu'on ne détruise pas un «monument insolent qui n'atteste que la bassesse des courtisans et la servitude de la nation», proposa qu'on transforme les quatre esclaves en emblèmes «de ces quatre aristocraties: les Ministres, le Clergé, la Magistrature et la Noblesse», et qu'on mette, à la place du roi, une statue de la Liberté au-dessus des «tyrans dont elle a triomphé».

Le monument disparu, Robespierre espéra le remplacer par «une apothéose des martyrs de la Liberté». Ce vertueux hommage se résuma à une pyramide de bois couverte de noms qui fut vite brûlée pour se chauffer au premier hiver.

Le 27 septembre 1800, Bonaparte posa la première pierre d'un temple égyptien consacré à Kléber et Desaix; le projet fut abandonné et, en 1810, c'est un Desaix de 5 mètres de haut, seul et en tenue d'Adam, qui fut érigé. La nudité du général de Marengo choqua tellement les regards qu'on la fit passer la fin de l'Empire derrière une palissade. La Restauration remisa le militaire et commanda à Bosio un nouveau Louis XIV. C'est celui que nous pouvons voir aujourd'hui sur son cheval.

*

La valse des monuments est chose connue. Ce qui l'est moins est l'appétit qu'eurent les Allemands de 40 pour le cuivre, le bronze, le plomb et le laiton, et le service-palace assuré par le régime de Vichy qui leur permit d'envoyer à la fonderie, entre 1941 et 1943, plus d'une centaine de statues parisiennes. L'intérêt artistique de la plupart d'entre elles était plutôt relatif, ces « œuvres » témoignant davantage de la statuïte aiguë dont souffrit la France sous la IIIe République que de l'airain de la postérité, mais leur disparition modifia certains lieux.

Ainsi, jusqu'à l'Occupation, la circulation au carrefour Bac-Saint-Germain s'organisait autour d'un haut piédestal supportant la statue, plus que grandeur nature, de Claude Chappe. Coulé dans le même bronze, son télégraphe haussait de plusieurs mètres la laideur de l'ensemble – aujourd'hui, le terreplein central rappelle son emplacement et se nomme place René-Char. Place Maubert, parmi les voitures, c'était Étienne Dolet qui, dans les mêmes proportions, s'imposait dans un genre troubadour des plus troubadours. Quant au monument à la gloire de Victor Hugo, au centre de la place éponyme, il ne manquait pas de rappeler la grandiloquence si efficace de son style. Les amateurs de curiosités peuvent aussi regretter les quatre crocodiles, cabrés sur le côté, qui furent ajoutés en 1908 au Triomphe de la République, de Dalou, place de la Nation. À l'époque où le groupe était entouré d'un bassin, ces reptiles géants crachotaient leur filet d'eau aux pieds de Marianne. J'ignore la symbolique de cette incongruité.

La razzia ferrugineuse de l'occupant se matérialise encore aujourd'hui par d'autres vides, ce sont des manques, des socles de statue sans statue. On peut en voir notamment dans le XVIe arrondissement et place Denfert-Rochereau, square Jacques-Antoine. Ces socles ont conservé la gravure des noms illustres qu'ils supportaient mais ne soutiennent plus rien. Ils attendent là, sur un trottoir ou un bout de gazon, le retour d'un bronze fantôme ou leur propre disparition.

Boulevard Arago, un projet pour remplacer l'effigie disparue de l'astronome est caché dans le square peu avenant qui jouxte l'arrière de l'Observatoire. C'est dommage car le bronze de Wim Delvoye, inauguré en 2016, aurait toute sa place sur le piédestal déserté.

*

Et la valse continue. De nos jours, ce n'est plus une armée d'occupation mais la peur occupant les esprits qui motive le retrait de certaines statues. La trouille-panique de la Ville a ainsi eu la peau de Voltaire, square Honoré-Champion. En plein Paris et à quelques mètres de l'Institut de France. Pour ne pas contrarier des esprits froissables, et sous prétexte d'une restauration inutile, le philosophe a été exfiltré dans le courant de l'été 2020. Quelle superbe que de déplaire 243 ans après sa mort. Et quelle tristesse pour nous, 243 ans après. « Les mois s'écoulent et Voltaire ne fait toujours pas retour dans le jardinet qui jouxte l'Académie française, déplorait il y a peu Bérénice Levet. Au lendemain des attentats islamistes qui nous ont frappés et alors qu'un académicien, Marc Lambron, réclame comme un droit constitutionnel le droit au sourire voltairien, le moment n'est-il pas venu d'en appeler à la réinstallation de Voltaire en ces lieux ? Le retour de l'auteur de

Candide dans l'espace public ne serait-il pas un autre symbole ? Celui d'une France qui ne tremble pas, fidèle à son histoire, mieux, à sa personnalité – comme on dit d'une personne qui sait ce qu'elle veut qu'elle a de la personnalité. "Il nous faut avouer, ou proclamer – selon ses goûts – qu'il est spécifiquement français, inconcevable sous un autre ciel", disait Paul Valéry dans un beau discours qu'il prononça en hommage au patriarche de Ferney en 1944, à l'occasion de l'anniversaire de sa naissance. Voltaire s'offre en effet comme un concentré de nos traits les plus propres, de ceux qui font notre singularité, notre charme aussi, avouons-le, de ceux qui, parfois, le rompent. De ces traits, en tout cas, qui nous mettent en porte à faux avec l'esprit du temps, lequel est aux bâillons et aux âmes dites offensées. [...] En Voltaire s'incarne la liberté de l'esprit, de cet esprit qui s'y risque et qui est risque. Qui commence de penser en a fini avec la tranquillité. »

*

La Tour de Nesle orna longtemps la Rive gauche de la Seine – ornementation toute défensive puisqu'elle intégrait la muraille de Philippe Auguste ; carcérale aussi, car elle abrita une prison qui serait tombée dans l'oubli si Alexandre Dumas ne lui avait pas consacré une pièce de théâtre quelque peu fantaisiste. Sa lanterne était bien connue des Parisiens, elle fut l'un des rares éclairages publics de la ville jusqu'au milieu du Moyen Âge. Dans les premières décennies du XVIIe siècle, quand Jacques Callot grava sa silhouette sortant de la boue des berges, l'hôtel qui la flanquait n'existait déjà plus. Elle-même sera détruite dans les années 1660 pour qu'on édifie le Collège des Quatre-Nations (le palais de l'Institut). Son emplacement correspond à la bibliothèque Mazarine.

Au XIVe siècle, l'hôtel de Nesle était la résidence parisienne du duc de Berry (celui des *Très Riches Heures*) qui y exposait, entre autres, sa fabuleuse collection de pierres précieuses. Le fils du roi Jean le Bon avait considérablement agrandi son logis en ajoutant une innovation architecturale : une grande galerie. Ce prince, nous apprend Maurice Rheims dans *Les collectionneurs*, avait aussi une passion pour les reliques. Il détenait l'anneau de mariage de la Vierge, le corps d'un innocent massacré par Hérode et quelques plats ayant servi aux noces de Cana. Il aimait les curiosités et entretenait, à demeure, une centaine d'artisans, des armuriers, des horlogers, des orfèvres et des naturalistes pour son cabinet d'histoire naturelle. Parmi ses trésors, de minuscules billes d'ivoire dans lesquelles étaient ciselés des personnages jouant aux échecs. Ce goût pour la virtuosité, répandu à travers toute l'Europe, atteindrait son point d'excellence aux XVIe et XVIIe siècle. En 1606, Léo Pronner réalisait pour un archiduc d'Autriche un canif dont le manche dissimulait 13 tiroirs contenant des psaumes sur parchemins rédigés en 21 langues, 150 outils divers, 100 pièces d'or, une chaîne de plus de 15 centimètres de long faite de 100 anneaux, un noyau de cerise couvert d'armoiries, 24 assiettes en étain, 12 couteaux en acier, autant de cuillers en buis et un cheveu d'enfant divisé dans son épaisseur en 10 parties. Toujours selon l'*Encyclopédie des beaux-arts plastiques*, la longueur de ce couteau ne dépassait pas 10 centimètres.

*

Le baron Haussmann n'eut pas l'idée de créer la perspective de l'avenue de l'Observatoire (la Commission des artistes, instaurée par la Convention, l'avait eue avant lui) mais il la paracheva – il était d'ailleurs très fier du résultat. Cette *coulée verte* est si parfaite qu'elle semble avoir toujours été là. Les deux « p'tits Luco » s'étirent des grilles du grand jardin, d'où l'on voit au loin la façade du palais, à d'étranges croisements de voies qui hésitent à s'entrecouper ; les rues d'Assas et Notre-Dame-des-Champs retrouvent le boulevard Saint-Michel qui s'élargit, là, sur plusieurs mètres – traces, peut-être, de la rue de l'Est percée sous la Révolution –, puis se fondent dans le carrefour de Port-Royal. Avant cette succession de débouchées de rues sur des terre-pleins d'asphalte et de plates-bandes sablées, la fontaine de Carpeaux représentant les Quatre-Parties-du-Monde accomplit superbement ce déroulé de pelouses qui, avec ses sculptures et colonnes alignées dans l'axe, m'a toujours fait penser à un immense surtout de table ; ou à un grand i, car il y a un point posé dessus. Au milieu des voitures, un monument inaccessible aux piétons rend hommage à Ernest Garnier, officier de marine et explorateur de l'Asie – il mourut sur le Fleuve-Rouge en 1873. Ce n'est qu'en 1983 qu'on retrouva sa dépouille inhumée à Hô-Chi-Minh-Ville. Ses restes furent alors incinérés et, en 1987, ses cendres placées au cœur de cette statue.

Quant à la partie de l'avenue qui rejoint l'Observatoire, on dirait qu'elle a été dessinée, plantée d'arbres et de lampadaires, bordée de six petits immeubles, puis oubliée ; le monument n'est même pas éclairé la nuit et laisse son horloge lumineuse flotter, solitaire, dans l'atmosphère. Qu'il en soit ainsi encore longtemps.

Mais cette avenue n'a jamais « toujours été là ». Pour laisser le regard s'évader vers le palais du Luxembourg ou le dôme des astronomes, il fallut raser tout ce qui entravait son tracé. Le couvent des Chartreux.

C'est à l'invitation expresse de saint Louis que, le 21 novembre 1257, des moines de la Chartreuse de Gentilly aménagent le château de Vauvert. Le roi a fait don de cette bâtisse en ruine et – dit-on – hantée à cette communauté d'ermites afin qu'elle y fonde un établissement parisien. Au fil du temps et malgré l'austérité qui ordonne leur existence (silence, solitude et contemplation), les Chartreux en feront l'un des domaines ecclésiastiques les plus grands et les plus riches de la capitale. Divisé en pépinière, vergers, potagers, terres agraires et jardins, il fleurit, à la fin du XVIIIe siècle, sur 23 hectares. Et le Luxembourg, qui voisine avec lui pendant quelques siècles, entretient encore cette tradition à travers ses arbres fruitiers, ses vignes, ses serres et ses ruches, à l'ombre de Montaigne et de Baudelaire (un lycée et une statue).

L'entrée du monastère se trouvait rue d'Enfer, actuellement aux abords du 64, boulevard Saint-Michel, là où se trouve la serre du jardin du Sénat. Une longue allée plantée d'arbres conduisait à une première cour qui distribuait deux chapelles, l'une dédiée à saint Blaise, une autre réservée aux femmes, ainsi que la maison des hôtes ; par un porche on arrivait à une seconde cour, où se trouvaient la chapelle principale dédiée à Notre-Dame et l'entrée des bâtiments conventuels. Au sud de cette église, on accédait à un petit cloître rectangulaire, entouré des pavillons des moines. La rue Auguste-Comte a été tracée sur une diagonale de ce cloître, entre la rue d'Assas et le côté pair de l'avenue de l'Observatoire. Là où des gros bras font aujourd'hui leur gonflette sur des barres de fer et les enfants des cabrioles sur des toboggans, les Chartreux avaient leurs cellules.

M. Piganiol de la Force, qui visita le couvent, le décrit en ces termes : « Les religieux occupent un très vaste terrain. Leur église n'est pas belle mais elle est ornée de stalles d'une très belle menuiserie, chargée de pilastres et de sculptures d'un goût distingué. On y voit aussi d'excellents tableaux de La Fosse, de Boulogne l'aîné, de Boulogne le Jeune, de Jouvenet, d'Audran, de Champaigne, de Corneille, de Coypel le père et de Coypel le fils. [...] Le petit cloître de cette maison est peut-être ce qu'il y a de plus rare en France en fait de peinture. On y voit en vingt-deux tableaux les circonstances les plus remarquables de la vie de Saint Bruno, comme aussi sa mort et sa canonisation. Eustache Le Sueur, qui y travaillait en 1649, employa trois ans à ces peintures et il n'a jamais rien fait d'aussi excellent. Le grand cloître est disposé en carré autour du cimetière. Il a été bâti à plusieurs reprises et est composé d'un grand nombre de cellules pour les religieux. Ces petits appartements sont commodes et une simplicité propre en fait tout l'ornement. Plusieurs personnes ont été ensevelies dans ce cloître, quant aux religieux, ils le sont dans le cimetière. On remarque dans le réfectoire un Crucifix que Philippe de Champagne estimait plus qu'aucun de ses autres ouvrages et qu'il laissa à ces Pères par son testament. »

La chartreuse est nationalisée sous la Révolution, ses occupants expulsés en 1792 et, l'année suivante, elle est remplacée par une fabrique de poudre et de salpêtre. Le projet d'intégrer sa pépinière à une perspective fuyant vers l'Observatoire naît en 1798 et, jusqu'en 1810, le domaine sera progressivement morcelé. Le terrain sera aplani et les derniers vestiges seront arasés par Haussmann en 1867.

Aujourd'hui, la rue des Chartreux témoigne, et uniquement par son nom, du passé qu'elle occupe. Sa longueur n'est que de 69 mètres.

*

Gaston d'Orléans, frère de Louis XIII, prit possession du palais du Luxembourg à la mort du roi, en 1643. Le 8 avril 1652, depuis les terrasses du jardin, il fit observer à sa Cour une éclipse de Soleil. Bien plus tard, en 1711, l'astronome Nicolas Delisle installa, dans la rotonde qui est surmontée d'un dôme, au-dessus de la « porte royale », face à la rue de Tournon, un véritable observatoire qui avait l'avantage d'être placé, quasi exactement, sur le méridien de Paris.

*

Notre *Luco* actuel a les contours que lui ont octroyés les aménagements du Second Empire. Émile de Labédollière nous rappelle que « du temps de Marie de Médicis, le jardin du Luxembourg n'avait qu'une médiocre étendue ; sa décoration principale était la fontaine de la Grotte [toujours existante mais déplacée au XIXe siècle, appelée depuis *fontaine Médicis*], dont on attribue le dessin à Rubens. [...] Lorsque Monsieur, frère de Louis XVI, vint habiter le palais, il le mit gracieusement à la disposition du public. On y entrait par trois portes : celle du château, celle de la rue d'Enfer et celle de la rue de Vaugirard. Les premiers habitués du jardin furent des bourgeois du quartier, des ecclésiastiques, des moines, des gens de lettres et des bonnes d'enfants. La grande avenue et quelques allées latérales, avec des bancs pour s'asseoir de distance en distance, c'était tout ce que les amateurs de la promenade y trouvaient d'attrayant. Thiéry, dans son *Guide des amateurs et des étrangers*, affirme qu'on y voyait une infinité de beau monde, surtout pendant les fêtes et dimanches, le matin dans l'allée des Carmes et le soir dans la grande allée. [...] Le 12 juillet 1784, une multitude considérable se rassembla pour assister à l'ascension d'une montgolfière ».

Depuis 1881, on peut louer à la demi-heure un petit voilier pour le faire naviguer sur le grand bassin. Il faut savoir le repousser adroitement en l'éperonnant lorsqu'il s'échoue sur la margelle. Ici, nos souvenirs d'enfant se mêlent à ceux qui sont en train de se faire.

Il est curieux de constater l'aisance avec laquelle le Luxembourg a su intégrer ses terrains de tennis, comment ils se sont facilement assimilés à cet environnement opposé à leur nature ; mais je n'en tire aucune conclusion.

De hautes balances, des pèse-personnes publics, témoignent également de la vague hygiéniste qui déferla au tournant du XXe siècle. On peut toujours y mettre une pièce si, durant la promenade, l'on était saisi d'un doute sur son poids, mais plus personne ne le fait.

Pour ne pas l'oublier, André George écrit que « le Luxembourg est le jardin des poètes, des étudiants et des sénateurs, le parc du Quartier Latin. Sainte-Beuve et Lamartine, Hugo et Michelet, Verlaine et Leconte de Lisle, George Sand et Renan, Taine, Baudelaire ou Banville, furent ses voisins, c'est-à-dire ses amoureux».

*

Quand j'avais l'âge où l'on venait me chercher à l'école, on voyait un peu partout des distributeurs, surtout devant les boulangeries et les bureaux de tabac (c'est du moins là que je m'en souviens précisément). C'était des casiers vitrés remplis de boules en plastique. On glissait une pièce d'un ou deux francs dans une fente, tournait une molète et une boule tombait derrière un petit clapet. Une fois récupérée, il fallait l'ouvrir en séparant les deux hémisphères mais, comme ils étaient bien scellés, c'était toujours d'une main adulte qu'on recevait le trésor enfermé à l'intérieur. Un petit rien, une figurine dérisoire, une laideur à ressort. Cette babiole n'était jamais celle qu'on avait souhaitée, évidemment, mais elle divertissait le temps d'une course ou d'une promenade avant de tomber quelque part et d'être oubliée, dans l'heure et sans chagrin.

*

Le palais des Tuileries est sûrement le monument qui manque le plus dans le paysage parisien. Sa disparition a rendu orphelins les parterres de Le Nôtre pour lequel ils avaient été dessinés – un jardin à la française répond toujours à une façade, c'est son pendant de verdure –, et désaxe définitivement le Louvre par rapport aux Champs-Élysées, également tracés pour offrir une perspective infinie depuis les fenêtres du palais détruit. Quant à l'arc de triomphe du Carrousel, il ressemble, depuis, davantage à une pièce de jeu d'échecs qui a été mal rangée qu'à l'entrée principale de la cour d'honneur édifiée pour célébrer les gloires de Napoléon Ier.

À la veille de la Révolution, le palais est un immense squat difficilement concevable. Inhabité par la Cour depuis la minorité de Louis XV, la Couronne y loge des centaines de ses pensionnés, artistes, grands seigneurs et grandes dames, invalides, troupes de comédiens et habiles profiteurs du système. Cette curieuse population, entassée sur sept niveaux, occupe le moindre espace disponible, des boutiques se glissent jusque sous les escaliers et le château ne contient pas moins de trois théâtres : l'ancienne Salle des Machines, où le sieur Legros dirigeait les Concerts spirituels ; le Théâtre de Monsieur, fondé par Léonard Autier, le coiffeur de Marie-Antoinette ; et le Concert Olympique, particulièrement fréquenté par les petits officiers et les domestiques.

G. Lenôtre, à qui j'emprunte ces détails, précise encore que « cette conquête était de la part des occupants l'œuvre de quatre-vingts ans de patience et de ruse : d'abord on avait autorisé quelques fonctionnaires de la Cour, que leur office retenait à Paris et n'étaient point assez riches pour y avoir hôtel et train de maison, à se loger dans les appartements déserts du second étage du château ; puis le Louvre, regorgeant d'artistes auxquels le roi donnait généreusement asile dans son palais, avait déversé son trop-plein sur les Tuileries :

bientôt artistes et fonctionnaires se trouvant à l'étroit, intriguèrent pour avoir, celui-ci une pièce en plus, celui-là le droit d'établir à ses frais un escalier descendant à sa cave. L'un se plaignait de ne point posséder de cuisine et obtenait l'autorisation de s'annexer, à cet effet, un salon voisin de son logement ; l'autre suppliait qu'on le laissât percer des jours dans la toiture pour éclairer son atelier ».

Puis la mode d'aller à l'Opéra, au début du règne de Louis XVI, fit naître un besoin pressant de Paris à de nombreux Versaillais. Le palais connut alors une découpe intraitable. Ses habitants voulurent avoir les commodités d'une maison particulière et l'on n'hésita pas à créer couloirs, portes, escaliers, entresols et buanderies dans les galeries de Louis XIV. Selon un rapport rédigé en 1783, les appartements royaux sont si cloisonnés « qu'ils n'existent pour ainsi dire plus et qu'ils ne peuvent offrir à la famille royale même un abri momentané ».

Ce joyeux bazar aurait pu durer encore longtemps si, le 6 octobre 1789, les Parisiens n'avaient voulu avoir leur roi chez eux, à leurs côtés, et n'étaient allés le chercher à Versailles pour le gentiment séquestrer.

Richard Mique, l'architecte-inspecteur des Tuileries, n'eut que sept heures devant lui pour exproprier les locataires et remettre le palais en état de loger le roi et sa suite. Il y parvint, mais à quel prix. Un film entier consacré à cette folle journée serait à réaliser. On imagine les cris, les pleurs, les menaces et les prières ; on voit dans les couloirs des embouteillages de malles et d'armoires, de fauteuils et de commodes ; dans les escaliers un va-et-vient continu d'une foule paniquée se heurtant en tous sens ; on entend le bruit des pioches et des marteaux des ouvriers qui s'activent déjà à rendre un semblant d'ordre monarchique à ces intérieurs ; on sent l'odeur de la peinture fraîche et celle des matelas encore chauds qu'on jette par les fenêtres.

Et au cœur de cet ouragan, l'admirable M. Mique qui, gardant raison et sang-froid, poursuit sa mission.

Richard Mique fut l'architecte de Marie-Antoinette, de son style, c'est sous sa direction qu'il édifia son Hameau, son théâtre, le Belvédère et le Temple de l'Amour qui ponctuent le paysage vallonné de ce domaine, et, au château de Versailles, il réaménagea plusieurs de ses salons, notamment le cabinet de la Méridienne. Dans la ville royale, il bâtit le couvent de la Reine, avec son exceptionnelle coupole à caissons, et, à Saint-Denis, la chapelle du Carmel ; il intervint aussi dans les appartements royaux de Saint-Cloud. M. Mique fut décapité en juillet 1794 – avec son fils.

Aux Tuileries, Louis XVI, son épouse et leurs enfants durent camper plusieurs jours dans des appartements vidés et remeublés à la hâte. Il en fut de même pour la Cour et les centaines de domestiques qui suivirent les courtisans et les souverains ; ce furent, en tout, des milliers de personnes qui peuplèrent, repeuplèrent le vieux quartier du Louvre. G. Lenôtre trouva aux Archives nationales la longue liste de ces fonctionnaires indispensables au bon fonctionnement de la Couronne et les titres de leurs charges : Garçons des dames de Mesdames, Bouche de la Reine servant au réchauffoir de Madame… et les noms de différents services : l'échansonnerie du Roi, la rôtisserie du Roi, le gobelet du Roi, la glacière du Roi, la crémerie du Roi, le feutier du Roi, la boulangerie du Roi... L'historien conclut : « Les Parisiens, qui avaient, depuis près d'un siècle, perdu de vue et oublié le fonctionnement de la Cour, virent avec stupeur arriver dans leur ville cette armée que la famille royale traînait à sa suite. [...] C'était maladroitement évoquer un passé qu'on croyait mort, que d'étaler cette défroque féodale. »

*

Il est toujours contrariant de perdre certaines de ses habitudes – même s'il est toujours surprenant de constater avec quelle facilité on en prend de nouvelles. Le drame de l'humanité est sa capacité d'adaptation.

La disparition d'une boutique « de proximité » nous plonge irrémédiablement dans l'embarras. Heureusement qu'il en est d'autres, malgré la valse des propriétaires, qui ne changent pas de nature, d'affectation au fil du temps. Des photos d'Atget prouvent que *ma* pharmacie, *ma* boulangerie et *ma* librairie me servaient déjà dans les années 1880. Ce sont des exceptions.

La vie quotidienne s'accouple à l'adaptabilité permanente. On ne le montre pas mais c'est un chambardement personnel, un tournis profond, un chaos d'arrière-cour invisible de la rue. Façadisme de sentiments. Aussi, se réconforter par une démonstration de stabilité est parfois nécessaire. Pour cela, j'ai le salon de Françoise, régi par une symétrie inchangée depuis la Restauration, celui de Jeanne-Marie, où Mme de Sévigné venait déjà écouter de la musique, deux ou trois maisons de campagne amies, – lorsque je commençai d'écrire ce livre, j'avais encore la cuisine *Grand siècle* de Marie-Christine, aménagée dans l'ancienne chambre de Voltaire, et la salle-à-manger de ma grand-mère –, le Grand Véfour et Chartier, ainsi que la salle d'attente de mon dentiste.

Mon dentiste n'a pas le sens de la symétrie de Françoise mais sa salle d'attente a des proportions parfaites. À première vue ce n'est qu'un salon haussmannien – un parmi le bon millier que doit compter la rue de Monceau –, mais ses boiseries sont depuis toujours d'une indéfinissable couleur crème, les journaux sur le guéridon remontent sûrement à l'époque de mes dents de lait, et les cadres, les tapis, les banquettes et les bergères ont conservé leur place au centimètre près, on le constate à leurs empreintes dans la moquette. Voilà qui me rassure quant à la pérennité du monde.

Dans *La volonté de puissance*, Nietzsche nous dit que « l'habitude douillette est plus forte que la colère de l'homme désenchanté… »

*

Je suis né à la fin du XXe siècle et peux tout de même témoigner d'avoir vécu la continuité d'un temps, d'un long temps passé, que l'époque avale peu à peu et définitivement dans une course accélérée. Ainsi, je n'aurais qu'à amender de quelques réactualisations cosmétiques le récit que la duchesse de Gramont faisait des soirées musicales chez la princesse Singer-Polignac dans les années 1920, si je devais raconter celles auxquelles j'ai si souvent assisté, plus d'un demi-siècle après sa mort, au même endroit. « Avenue Henri-Martin [désormais Georges-Mandel], chez la princesse Edmond de Polignac, une grande salle est réservée à la musique. L'estrade est au fond et la princesse fait bruire sa traîne de satin gris argent, montant et descendant le milieu de la nef pendant que ses fidèles se massent à droite et à gauche en attendant le commencement de l'office. Automatiquement les groupes vont à leur place : trois premiers rangs pour les milliardaires américaines, cheveux blancs et diamants, et les duchesses anglaises, trois autres rangs pour les dames françaises importantes en cheveux teints, la divine jeunesse se masse dans le fond chuchotant de profil parmi les chaises bousculées, les portes sont garnies par de vieux esthètes debout, compagnons de jeunesse de la princesse. »

Il y a une vingtaine d'années, j'arrivai un jour de concert en avance et fus témoin, dans le salon des Tapisseries, d'une conversation entre vieillards. Trois ou quatre dames et autant de messieurs en habit devisaient de questions nautiques qui se transformèrent en anecdotes vécues. L'un raconta comment, enfant, il put survivre, en plein milieu du Bosphore, au chavirage du bateau qui déménageait les meubles de l'ambassade de France tenue par son père à Constantinople, en s'agrippant aux tiroirs d'une commode Louis XVI ; une autre, ménageant ses effets, cloua l'assemblée en décrivant la façon dont sa mère l'avait roulée dans un manteau de fourrure avant de la pousser dans une chaloupe du Titanic.

*

Georges Perec a raison :

« On ne pense pas assez aux escaliers.

Rien n'était plus beau dans les maisons anciennes que les escaliers. Rien n'est plus laid, plus froid, plus hostile, plus mesquin, dans un immeuble d'aujourd'hui.

On devrait apprendre à vivre davantage dans les escaliers. Mais comment ? »

Le Corbusier estimait, lui, que lorsque les gens ne graviraient plus les marches d'un escalator, ce serait la fin de l'humanité.

J'ai été, quant à moi, marqué par un article publié dans la presse il y a quelques années, consacré aux évolutions architecturales. Un encadré établissait la liste de ce qui allait disparaître, « à l'avenir », dans les appartements : « les monte-charges ; les bidets ; les baignoires ; les halls ; les couloirs ; les placards ; les boudoirs ; les fumoirs ; les passe-plats ; les entrées ; les caves ; les celliers ; les chambres au fond du couloir ; les antichambres ; les coursives ; les demi-niveaux. »

J'ai peur de l'avenir.

*

Dans *Toutes réflexions faites*, Sacha Guitry écrit : « Être parisien, ce n'est pas être né à Paris – c'est y renaître. Et ce n'est pas non plus y être – c'est en être. Et ce n'est pas non plus y vivre – c'est en vivre. Car on en vit – et l'on en meurt. Être de Paris, ce n'est pas y avoir vu le jour – mais c'est y voir clair. On n'est pas de Paris comme on est de Clermont

– mais on est de Paris comme on serait d'un cercle. On y est élu parisien – élu à vie – c'est une dignité. C'est une charge aussi.

On doit être à ses ordres, à sa dévotion, quand Paris vous fait l'honneur de vous admettre. Aimer Paris rend orgueilleux, car il devient à ce point nécessaire qu'on en arrive à croire qu'on peut lui être utile. »

À la mort de son père Lucien, en 1925, Sacha emménagea dans l'hôtel que celui-ci s'était fait construire avenue Élysée-Reclus en 1909. Charles Méwès – l'architecte du Ritz – lui avait dessiné un charmant refuge néoclassique dont le jardin s'ouvrait sur le Champs-de-Mars. « Mon père, écrivit Guitry, aimait cette maison comme on aime une femme, sans cesse, il la parait, l'ornait, la décorait, lui choisissait des meubles, des tableaux, des marbres, et il semblait les lui offrir. » À son tour il en fit autant, si ce n'est plus encore, en transformant, tout au long de sa vie, cette maison en véritable musée dédié aux artistes, aux peintres et aux écrivains qu'il admirait ; un panthéon personnel. L'admiration fut le moteur de sa vie, le terreau de son œuvre, *Ceux de chez nous* en témoigne. Selon Alain Decaux, « Sacha, qu'on a tellement accusé de s'admirer lui-même, est sûrement l'homme, en France, qui, plus que personne, sut admirer les autres ».

Son intérieur était le manifeste de sa vision d'un monde-théâtre. Lorsqu'il mettait en scène ses propres pièces, le mobilier, les accessoires, ses costumes, il les puisait chez lui. Dans la grande galerie du premier étage, son salon-bureau, *La Femme à la toilette* et *La Rouge à Montrouge* de Toulouse-Lautrec côtoyaient, entre autres, des *Nymphéas* de Monet, un autoportrait de Cézanne, *Coco lisant* de Renoir, une *Danseuse-grande arabesque* de Degas, des bronzes de Rodin ; l'escalier s'ornait de dizaines de portraits, dont la *Femme à la source* de Largillière ; et les livres se comptaient par milliers.

Il collectionnait aussi les mains, peintes ou sculptées, ainsi que les pinceaux d'artistes, qu'il faisait encadrer dans des boîtes. Un jour qu'il se trouvait dans l'atelier de Claude Monet, il demanda s'il pouvait en prendre un. Sans se retourner de sa toile, le peintre répondit qu'il n'avait qu'à se servir. Guitry choisit le plus beau à ses yeux, celui dont les poils étaient le plus enduits de pigments, celui dont le manche portait le plus de marques de doigts, celui qui vibrait le plus des couleurs de Giverny. Lorsqu'il le vit, Monet haussa les épaules et dit : « Pourquoi avez-vous pris celui-ci ? Vous en avez des tout neufs à côté ! »

En 2008, la Cinémathèque française lui consacra une rétrospective accompagnée d'une exposition. Une courte séquence y était diffusée dans laquelle on l'entendait raconter sa collection. « Je me pose la question suivante : comment devient-on collectionneur ? Et je réponds sans hésiter : on n'en sait rien. Un jour, on s'aperçoit qu'on a collectionné. Alors on se souvient de quelle façon ça commença. Pour moi, j'ai commencé par une lettre autographe d'Eugène Delacroix que mon grand-père m'avait donnée, par un livre dédicacé que m'avait offert Jules Renard et par une aquarelle de Forain qu'au premier jour de l'an 1900, mon père avait accrochée au mur de ma chambre. Jolis débuts qui promettaient. Mais tant de tableaux et d'objets d'art, tant de beaux livres et d'autographes ne sauraient vous tomber du ciel, on le pense bien, et si je pouvais faire le compte des heures, des jours, des mois, des années que j'ai passés à les choisir, à les attendre, à les poursuivre, à les trouver, je m'apercevrais que je leur ai consacré plus de temps qu'il ne m'en a fallu pour écrire mes cent vingt-quatre pièces. Car ça devient une passion comparable à l'amour, et je suis prêt à reconnaître qu'il faut être un peu fou pour bien collectionner. L'avidité bientôt s'en mêle, l'insatiabilité apparaît à son tour et l'on voit poindre enfin la symétromanie. [...] Être collectionneur ce n'est ni un métier ni une profession, est-ce un art ? même pas. [...] Il en est de deux sortes, celui qui cache ses trésors et celui qui les montre dans des placards ou bien vitrines. Je suis vitrine. »

Maurice Rheims racontait qu'il « arborait chez lui une sorte de tenue accordée au style de sa maison. Vêtu d'une robe de chambre jaune canari, au cou un ravissant foulard, coiffé d'un bonnet copié d'après un dessin de La Tour, il ne ressemblait à personne. Il accompagnait ses visiteurs, désignant chaque objet de sa belle main ornée d'une antique émeraude. Il possédait, au milieu de tableaux impressionnistes ou contemporains, cent manuscrits précieux parmi lesquels celui de l'*Éducation sentimentale*, et, chose unique, une signature de Molière, tout cela mêlé à une collection de pierres dures, de dessins, de souvenirs de théâtre, d'autographes, de gants, de fleurs fanées, de lettre de Mlle George, de Talma, de Sarah ».

Sacha Guitry laissait toujours sa porte ouverte aux photographes et n'hésita pas à l'ouvrir au public, en 1951. Apprenant que la Société des Auteurs peinait à soutenir les plus défavorisés d'entre eux, il décida de faire visiter sa maison durant un mois, au rythme de sept visites par jour. L'avenue Élysée-Reclus ne désemplit pas et l'intégralité de la billetterie fut reversée à la société de ses confrères. En s'y pressant, la foule de visiteurs put notamment admirer le portrait de Lucien par Toulouse Lautrec qui servit d'affiche pour *L'assommoir*, des dessins de Renoir, Goya, Rembrandt, Manet, Braque, Utrillo, des manuscrits autographes d'Alfred de Musset, Octave Mirbeau, Georges Courteline, Anatole France, Jules Renard et André Gide, ou encore la partition et les paroles manuscrites de *La Madelon*, l'ordre du jour de la bataille de la Marne de la main du maréchal Joffre, une poupée confectionnée par Alfred Jarry représentant le Père Ubu, la bouteille d'encre avec laquelle Victor Hugo écrivit *L'année terrible*, trois lettres de Napoléon, une de François Ier, des gilets ayant appartenu à Marat et Robespierre, les clefs des petits appartements de Marie-Antoinette à Versailles, une photo dédicacée de Georges Clémenceau offerte par lui l'avant-veille de sa mort, et, bien entendu, des versions originales de toutes les pièces de Molière, sauf une, *Les précieuses ridicules*.

Tout cela n'était pas de l'étalage ou de l'exhibitionnisme, c'était de la générosité, celle qui nourrit la transmission ; et Guitry voulait transmettre sa passion : « Croquis, dessins, pastels ébauches des grands maîtres, je vous regarde avec amour, avec respect, je vous adore. Un croquis ce n'est pas le début d'un chef-d'œuvre à venir, ce n'en est pas la fin, c'en est l'essentiel. Voyez ces arbres faits d'un trait, ces regards faits d'un point, ces mains faites d'une ombre. Avez-vous admiré comment Rodin, les yeux fixés sur le motif, cerne le corps d'une odalisque ? Avez-vous vu comment La Tour se fait sourire ? Comme Daumier sait mettre Rossinante au pas ? Comment s'y prend Degas pour que sa danseuse ait effleuré le sol la seconde d'avant ? Avez-vous vu comment Watteau fait s'asseoir un marquis très confortablement bien qu'il ait négligé de lui donner un siège ? Traits de crayons, traits de génie. Instants miraculeux qui déjà s'éternisent. »

Sacha Guitry, qui montait sur scène tous les soirs ou presque, recevait uniquement à déjeuner. Dans sa salle à manger se mêlaient quotidiennement amis, pique-assiette, relations de travail et personnalités de passage. C'est à table qu'il offrit à M. Maille le slogan qui demeure celui sa maison : « Il n'y a que Maille qui m'aille », et c'est au cours d'un autre repas qu'il offrit au patron des boissons Élesca son célèbre « L.S.K.C.S.KI ».

Pierre de Ségur me raconta qu'il était un habitué de ces déjeuners lorsqu'il avait vingt ans, à la fin des années quarante. Un jour, à table, il demanda à prendre la parole pour informer le maître que Curzio Malaparte était à Paris. « Je ne cônnais pas ce Meussieu Mâlâpârte mais je serais curieux de le rencontrer. Invitez-leu. », lui dit-il. Pierre avait lu dans le journal qu'il descendait au Loti, et, l'usage d'alors voulant que les choses soient simples, il téléphona à l'hôtel, demanda la chambre du grand homme, celui-ci décrocha, accepta l'invitation, et, dès le lendemain, il se trouvait dans la voiture de Pierre direction avenue Élysée-Reclus. Comment se passa la rencontre ?, demandai-je. « Une catastrophe. Ce fut le pire déjeuner qui fût, me répondit-il. Malaparte parla tout le temps, et Guitry, qui ne put placer un de ses bons mots – alors que ces moments étaient pour lui l'occasion de les roder et que les gens venaient pour ça – cacha difficilement son irritation. En guise de punition, je ne fus plus invité pendant une semaine. »

Mu par trois passions qu'il entretint par la suite de façon quasi professionnelle – l'art, le golf et les femmes –, Pierre de Ségur passa sa vie à voyager. Sur les fiches de renseignements exigées par les polices des frontières, à la case *profession*, il écrivait : marquis.

*

Ici s'élevait l'hôtel particulier où vécurent Lucien Guitry de 1910 à 1925 et Sacha Guitry de 1925 à 1957.

*

La plaque du 18, avenue Élysée-Reclus est fixée sur les grilles de l'ancien jardin, à côté d'un buste de Lucien Guitry pour lequel son fils rogna un bon mètre de son terrain, la Ville de Paris lui ayant refusé de trouver un emplacement pour cette statue. Dans *60 jours en prison*, il raconte que parmi les accusations aberrantes auxquelles il dût répondre à la Libération, figurait celle d'avoir mis une statue de Mussolini devant chez lui. Lucien et le Duce n'avaient en commun qu'un front dégarni.

Après sa mort, le 24 juillet 1957, Lana Marconi fit plus que lui fermer les yeux et ouvrir ses tiroirs, comme Sacha le prédisait. Sa veuve ne respecta pas, ou ne put respecter le testament qui offrait cet hôtel familial à la Ville pour en faire un musée. Les collections patiemment accumulées furent dispersées, l'hôtel fut vendu puis rasé en 1963. Signe que la terre de Paris est vivante, elle ne s'est jamais remise de cette opération ; là où elle fut ouverte, il s'est formé un abcès purulent de béton, et il est incurable.

*

Avant l'invention des cafés au XVIIe siècle, les auberges et les cabarets étaient les lieux de vie publique favoris du peuple – hors rues et marchés –, et le XVIIIe vit éclore une nouveauté, les guinguettes. Il s'agissait à peu près de la même chose mais située hors les murs de la capitale, et on y servait un vin clairet qui faisait « guinguer », dire des bêtises. On en trouvait du côté de Grenelle, de Gentilly, du Pré-saint-Gervais, de la Rapée et, bien entendu, sur les hauteurs de Belleville et de Ménilmontant. *Bien entendu*, car c'est là que s'étaient ouverts les premiers de ces établissements. Ils étaient vastes, généralement organisés autour d'une cour plantée d'arbres où s'alignaient tables et chaises, on y servait à boire et à manger, on pouvait y danser, exactement comme dans les *biergarten* qu'on connaît encore en Allemagne.

« J'ai voulu voir, écrit Nicolas Karamzine dans *Voyages en France, 1789-1790*, comment s'amuse le bas peuple de Paris, et j'ai été aujourd'hui dans des guinguettes : c'est le nom que l'on donne à des restaurants situés hors de la ville, où, le dimanche, la foule se rassemble pour dîner à dix sous et boire du vin au plus bas prix possible. Vous ne pouvez vous figurer combien ce spectacle est bruyant et varié ! D'immenses salles sont remplies par des gens des deux sexes ; on crie, on danse, on chante. J'ai vu deux vieillards de soixante ans dansant gravement le menuet avec deux vieilles. À la porte de chaque guinguette se tiennent des femmes avec des fleurs. Elles vous disent : “Mon cher Monsieur, voici un bouquet de roses que je vous donne.” Il faut absolument accepter le cadeau et remercier au moyen d'une pièce de dix sous, et dire encore un mot de politesse. Les bouquetières parisiennes sont du même acabit que les marchandes de poisson. Il est terrible de ne pas leur plaire : elles sont capables de vous jeter de la boue. »

Le premier cabaretier, qui se nommait Ramponeau, ouvrit sa guinguette en 1760 à la Courtille, quartier alors perdu entre vignes et jardins que l'on peut aujourd'hui situer dans un rectangle limité, au nord, par les rues du Faubourg-du-Temple et de Belleville ; au sud, Oberkampf et Ménilmontant ; à l'ouest, Saint-Maur ; à l'est, Julien-Lacroix. C'était le pays des guinguettes. Le Tambour royal était une sorte de salle de manège où l'on se pressait tous les soirs pour y voir le spectacle, y écouter des tours de chants, y boire et y manger. On servait notamment de la daube d'oie ou de la gibelotte de lapin, des mets de luxe pour une clientèle de petits-bourgeois qui venaient faire la noce, mais le *profanum vulgus* arrivait avec son frichti. Dans ce cas-là, il n'avait à payer que le pain, le vin et la salade. Les prix étaient de toute façon moins élevés qu'en ville car la banlieue n'était pas assujettie aux droits d'octroi.

Cette géographie perdue serait incomplète sans les Porcherons, à deux pas de nos actuels grands-boulevards. Ce lieudit occupait une centaine d'hectares, de la rue Cadet à la place du Havre, de la rue de Provence aux premières ondulations de Montmartre. « Ce n'étaient que minuscules courtils, décrit Henri Bachelin, séparés par des planches branlantes, par des haies, avec des roseaux, sureaux et saules, ormes et noyers, arbres fruitiers, mares où barbotaient oies et canards [...]. C'est là que Watteau trouva plusieurs de ses plus belles inspirations : *Le Marais*, *L'Abreuvoir*, *Le Retour de guinguette*. C'est là, plus tard, en 1771, que Ramponeau vint s'installer à La Grande Pinte, laissant le Tambour royal à son fils. »

L'âme du IXe arrondissement puise ses origines dans ces faubourgs prisés au XVIIIe siècle pour leur « bon air », si rare dans le centre-ville industrieux. Ces coteaux champêtres se couvrirent rapidement d'établissements de bains et d'eaux thermales, ainsi que de nombreux hôtels particuliers prolongés par des jardins d'agrément. Ce décor pastoral séduisit Simon-Gabriel Boutin, Receveur général de Touraine, qui acheta, en 1773, un vaste terrain qu'il ne cessa d'agrandir jusqu'en 1790. Il fit bâtir une folie baptisée Tivoli en hommage à cette cité italienne connue depuis la Renaissance pour les somptueux jardins de la Villa d'Este. Boutin fit aménager plusieurs jardins dans les goûts français, anglais, italien et hollandais qui s'ornaient de fontaines, de fausses ruines, d'une rivière et de fabriques, à quoi s'ajoutait un jardin « utilitaire » qui possédait une ménagerie, une laiterie, une basse-cour, des serres chaudes et des pépinières. Cet univers merveilleux était ouvert au public tous les jeudis, dimanches et jours férié ; le Jardin Boutin connut un immense succès auprès des nobles et des bourgeois, et Marie-Antoinette s'y promena ostensiblement avant la tentative de fuite de la famille royale le 20 juin 1791. Mais Simon-Gabriel Boutin ne profita pas longtemps de son rêve éveillé, il fut guillotiné le 17 juillet 1794. En 1795, le lieu fut rebaptisé Jardin Tivoli et devint une sorte de parc d'attractions très couru. Outre la promenade et des restaurants, le domaine offrait des panoramas, des spectacles de marionnettes et de lanterne magique, ainsi que des manèges et des montagnes russes.

Merveilleuses et Incroyables s'y pavanaient encore au début du XIXe siècle mais le site ne put faire face à la concurrence des établissements similaires qui ouvraient dans les environs. Tivoli ferma ses portes en 1810 mais son nom fut repris par la Folie-Richelieu qui devint le Second Tivoli, puis par la Folie-Bouxière renommée Nouveau Tivoli.

Tous ces divertissements devaient disparaître les uns après les autres avant le milieu du siècle pour laisser place à l'expansion de Paris.

*

Pour le chansonnier Jean-Joseph Vadé: « Voir Paris sans voir la Courtille – où le peuple joyeux fourmille –, sans fréquenter les Porcherons, – le rendez-vous des francs-lurons –, c'est voir Rome sans le pape. »

« L'endroit n'était pas noble », écrit Rétif de la Bretonne qui, pourtant, n'était pas difficile. Le fond permanent de la clientèle était constitué d'artisans, de gardes-françaises, de poissardes auxquels s'ajoutaient auteurs et comédiens. Bachelin estime que ce fut sans doute à force de les voir que « Ramponeau se crut, lui aussi, destiné à figurer sur les planches. [...] Rodolphe Salis s'était juré d'unir dans sa fortune Ramponeau et Tabarin, Procope et Gautier-Garguille. Ne retenons que le premier. Il fut un précurseur lointain – mais il le fut – des "cabaretiers" qui, à la fin du siècle dernier [XIXe], attirèrent la clientèle autrement que par l'excellence de la cuisine ou des simples consommations. »

Sur la vue des Porcherons que grava Israël Sylvestre au milieu du XVIIe siècle, on voit encore le château médiéval qui laissa son nom au lieu, un moulin devant lequel patientent les ânes des meuniers, des broussailles, et, au loin, en contrebas, les clochers de Paris.

*

Le grand Paul de Kock, qui a tant écrit, au XIXe, sur Belleville, les Lilas et Romainville – où il avait une petite propriété –, nous apprend que la Courtille était le séjour des ivrognes : « On est tellement habitué à les entendre crier qu'on n'y fait pas attention. » Et de dimanche à lundi, chaque semaine, c'est la cohue, il n'est pas rare que le quartier soit le théâtre de violences entre groupes d'ouvriers, il y a des morts, des blessés, et les policiers qui se risquent à s'interposer sont systématiquement tabassés.

La Courtille avait aussi son défilé, sa « descente ». À l'aube du mercredi des Cendres, tous les carnavals de quartier du Mardi Gras s'y fédéraient pour se rendre des flancs de Belleville à la place de l'Hôtel de Ville en passant par la rue du Faubourg-du-Temple, la place de la République et la rue du Temple.

Cette bacchanale connut son apogée sous le règne de Louis-Philippe (en 1841, Wagner composa même une *Descente de la Courtille*), quand on y comptait plus de cent mille participants. Maxime du Camp, qui en fut témoin, raconte que « la descente de la Courtille était alors de rigueur ; il eut été malséant d'y manquer ; les rouleurs de barrière y côtoyaient les jeunes gens qui donnaient l'exemple de l'élégance et du bon ton ». Tout le long du parcours, des cuisines de campagne étaient installées pour nourrir, et surtout abreuver d'alcool, tout ce beau monde déguisé.

« Dieux et déesses entourant une reine populaire, écrit encore Bachelin, faunes attelés au char de Bacchus, pierrots et pierrettes, polichinelles, arlequins et colombines, gardes-françaises de l'Ancien Régime, marquis du Directoire poudrés de farine, bas crottés, sautillants et burlesques, seigneurs Louis XIII, mousquetaires, troubadours et gueux issus du naissant romantisme, Grecs dont un cotillon douteux remplaçait la fustanelle, Turcs avec un soleil en clinquant dans le dos, “malins” à courte veste blanche, forts des Halles à chapeaux amples ornés d'un bouquet, débardeurs à larges pantalons de velours dont la ceinture retient le bourgeron rentré, à ceinture rouge flottante, avec bonnet de police et perruque, chicards en bottes et culotte collante, avec casque à grand plumet, les uns, la plupart à pied, d'autres à cheval, poissardes vêtues – très peu – de rouge, sur la capote d'un cabriolet découvert, tapissières, calèches, carrioles, équipages de luxe, les masques lançant dragées ou gros sous en recevant des volées de farine ou de plâtre, tous criant, hurlant, chantant, gesticulant, flot ininterrompu qui gagnait le boulevard du Temple par son faubourg, où les injures étaient courantes monnaie d'échange, où les rixes ne faisaient pas défaut. »

Comme les fêtes des Fous, des Innocents et de l'Âne, la Courtille mourra d'elle-même sous le Second Empire qui jugeait « ignoble et brutale » cette « hideuse cohue ».

*

En 1913, André Warnod publia un livre intitulé *Bals, cafés et cabarets*. En 1922, et avec des planches signées de sa main, il publia *Les Bals de Paris*, un autre ouvrage dans lequel il commenta tous les bals qu'il avait écumés dans l'année. Le Bullier, le Moulin de la Galette, l'Élysée-Montmartre, le Moulin-Rouge, le bal Tabarin, le bal Wagram, les bals de l'École Militaire, les bals Auvergnats, les bals du Quartier des Halles, les bals d'après-midi, les bals de Charonne, de la Montagne Sainte-Geneviève, de la rue de la Gaîté, le Bal des Quat'z'Arts, de l'Internat, des Arts Décoratifs, des Incohérents, du *Courrier Français*, le bal Julian, Guy Arnoux…

Warnod n'était pas un nostalgique. « Évidemment, le Bullier d'à présent n'est plus la Closerie de 1850, écrit-il. Si cela était, cet établissement serait une curiosité historique ! », mais cela ne l'empêcha pas de se faire l'écho d'autres impressions, celles d'Alfred Delvau notamment, lorsqu'il retourna à la Closerie des Lilas en 1864, vingt ans après ses « brillants débuts ». L'écrivain, « comme il arrive d'ordinaire, regretta le temps passé de sa jeunesse. Le décor était resté sensiblement le même, avec les mêmes jardins et les mêmes bosquets, mais le public avait changé. Delvau parle des "belles drôlesses qu'il y a vues, vêtues de robes de foulard, coiffées de chapeaux de paille à la Paméla", chaussées de cothurnes dorés sur tranche, et qui s'appelaient Henriette Zonzon, Anita l'Espagnole, Isabelle l'Aztèque, Peau de Satin, Bouffe Toujours, Nina Belles Dents, Finette la Bordelaise, Canard, Emma Cabriole».

Impossible de les y croiser aujourd'hui.

Warnod nous dit encore que «chaque maison ou presque, de ce qui est présent à Belleville et la rue de Ménilmontant, avait son bal. Qu'en reste-t-il à présent? rien». Ce n'était pas tout à fait le cas en 1922 puisqu'il peut écrire plus loin que «le bal Ramponneau offre un spectacle truculent et haut en couleur. Le public en est composé d'ouvriers en goguette, de souteneurs et de filles; mais l'ouvrier aime à s'amuser en famille, et c'est avec sa femme, voire avec ses enfants qu'il vient au Ramponneau. Le samedi soir c'est un mélange tumultueux plein de violents contrastes. L'accordéon est perché dans un coin de la salle sur une sorte d'armoire. Aux murs des écriteaux rappellent que la bonne tenue est de rigueur et, entre autres, que les messieurs ne doivent pas danser entre eux. C'est une grande salle violemment éclairée qui contient, et le comptoir où l'on boit, et les bancs où l'on se repose, et l'espace où l'on danse. [...] Il y a beaucoup de monde, toutes les tables sont occupées, au comptoir boivent debout des hommes vigoureux et lourds, des ouvriers débraillés et mal rasés, l'élégance est le dernier de leur souci; par contre aux tables sont de petits jeunes gens roses et frais mis avec recherche. La casquette enfoncée jusqu'aux oreilles, la chemise de couleur tendre et le col ouvert, des petits jeunes gens trop jolis pour travailler ; mais on ne sait jamais, et les erreurs sont faciles. La ligne de démarcation entre un souteneur qui commence et un jeune ouvrier qui glisse sur la pente fatale n'est jamais bien établie ». Le critique nous mène ensuite au bal des Trois Lions, non loin, avant de conclure son chapitre : « À Ménilmontant, à Belleville et surtout à Charonne, partout où nous allons, il y a de beaux marlous, des équipes, des terreurs, rien ne manque. Mais leur temps est fini, ils sont trop romantiques, leur renommée reste locale. Les bandits de grande envergure sont au Sébasto ou dans les endroits élégants. »

Le cabaret Ramponneau avait conservé son vieux cadran solaire orné de cette inscription : LE SOLEIL BRILLE POUR TOUT LE MONDE.

Avenue d'Antin, l'actuelle Franklin-Roosevelt, André Warnod s'attarde au bal Mabille – ouvert en 1840 – qui fut l'une des premières scènes à présenter du *french cancan*. « Les danseuses professionnelles qui le dansaient déployaient une science véritable. On y applaudit Mélinite, Valentin le Désossé, Jeanne Avril, dont les débuts au Jardin de Paris furent annoncés par une affiche de Toulouse-Lautrec, qui reste parmi les plus belles qu'il ait faites. Il y a dans le geste et l'attitude de la danseuse qui lève son pied au niveau de son visage une douceur et une mélancolie presque douloureuses tandis que, au premier plan, se dresse tortu et monstrueux (presque obscène) un violoncelle hallucinant. »

Dans le même quartier, sous le Directoire, le Hameau de Chantilly était « ouvert tous les jours, depuis huit heures du matin jusqu'à onze heures du soir ; une pièce d'eau garnie de sept à huit batelets, des jeux de bagues et de balançoires présentent partout divers amusements. Quand la soirée est belle, on danse au jardin ; dans les appartements quand le temps est pluvieux. Souvent, on y donne des concerts, des feux d'artifice, des départs d'aérostats ». Cette brochure publicitaire d'époque ne précise pas que, dans les appartements, des dames sont aussi là *pour ça*, mais tout le monde le sait alors.

Le Hameau de Chantilly, sis l'hôtel d'Évreux, a fermé depuis longtemps. On y trouve désormais la présidence de la République.

*

À lire en fredonnant

Non, je ne me souviens plus du nom du bal perdu
Ce dont je me souviens ce sont ces amoureux
Qui ne regardaient rien autour d'eux
Y avait tant d'insouciance dans leurs gestes émus
Alors quelle importance, le nom du bal perdu* ?

*

On comptait, au XVIIIe siècle, trente-deux fêtes populaires par an, en plus des dimanches chômés, mais d'autres événements étaient prétexte à des festivités et à occuper

* *C'était bien*, paroles de Robert Nyel, musique de Gaby Verlor, chanson créée par Bourvil en 1961.

aussi bien les mains que les esprits. « Mars 1722. Comme il faut toujours un peu amuser le peuple de Paris pour le consoler de n'avoir pas d'argent, écrit Edmond-Jean-François Barbier dans son *Journal d'un bourgeois de Paris sous le règne de Louis XV*, on prépare des magnificences étonnantes pour l'arrivée de l'infante d'Espagne. On travaille à 7 ou 8 arcs de triomphes dans Paris, et on compte même que les rues seront tapissées, ce qui n'est pas ordinaire. »

Trente-deux fêtes... ce n'est pas beaucoup, pauvres Parisiens d'alors ! Sans me donner la peine de réfléchir, je sais que nous avons désormais la chance d'avoir au moins les fêtes de la poésie, des marchés, des jardins, du goût, des voisins, de la musique, du livre, du cinéma, la nuit de la lecture, la Techno parade, la Gay pride, le Beaujolais nouveau, le Marathon, les vendanges de Montmartre, la Nuit blanche, sans parler du 1er mai et autres jours fériés pour causes religieuses, civiles ou militaires. Si on ajoute à cela les soldes, les marches pour sauver la planète, Paris-plage, les fêtes des mères, des pères, des grands-mères et des grands-pères, les journées sans voiture pour que « Paris respire ! », les JO, les concerts et les retransmissions de matchs de foot sur places publiques, et désormais le Black-Friday, la Fashion-Week, Halloween et Thanksgiving, on peut dire que le Parisien d'aujourd'hui est vraiment gâté.

*

La préface de *Parisine* (1869), de Nestor Roqueplan, est peut-être la plus courte de la littérature française :

Préface.

On dit :

Strychnine,

Quinine,

Nicotine,

Aniline,

……

……

Je dis :

Parisine.

*

À l'angle des rues Clovis et Descartes, dans la laideur d'une façade très « années 90 », on lit cette plaque : Ici s'élevait le cabaret à l'enseigne du Roi Clovis où Bories, Goubin, Pommier et Raoulx, Les quatre sergents de La Rochelle, membres de la Charbonnerie, préparèrent le complot qui devait les mener à l'échafaud le 21 septembre 1822.

L'un des nombreux complots que dût essuyer la Restauration.

*

On parle, en peinture, de l'école de Pont-Aven et de celle de Nice, de Barbizon et de Fontainebleau ; il y a la Normandie de Boudin et le Midi de Signac ; la Pietà de Villeneuve-lès-Avignon et celle de Nouans ; la Lorraine de La Tour et les Pleurants de Bourgogne, l'ange de Reims. L'école de Paris correspond elle aussi à une période de l'histoire de l'art, mais Paris est plus encore, cette ville incarne l'art français ; car il y en a un. Selon Élie Faure, « les Français, avant tout, se sont montrés des architectes, les Italiens, avant tout, des peintres, les Allemands, avant tout, des musiciens, les Espagnols, avant tout, des dramaturges, les Anglais, avant tout, des poètes lyriques. [...] N'est-il pas manifeste, par exemple, que la vision architecturale des Français, à peu près sans interruption des vieux temples romans au style Gabriel, a dominé toutes les formes de leur pensée, littérature, peinture, musique, philosophie même, jusqu'à définir leur *esprit classique* et leur imposer, de Poussin à Corot, de Le Nôtre à Chardin, de Descartes à Rameau, de Racine à Stendhal, de La Fontaine à Pascal et de Claude Lorrain à Malebranche, des rythmes symétriques et des proportions mesurées jusque dans les cris de souffrance et les écarts sentimentaux ? »

*

En 1930, Evelyn Waugh estimait, dans *Bagages enregistrés*, que « Paris est "toc" par son manque de véritable caractère national. Il est impossible de se sentir étranger à Monte-Carlo, mais Paris est cosmopolite en un sens diamétralement opposé, car cette cité fait de chacun un étranger. Londres, bien que dépourvue des attributs qui rendent une ville habitable est, du moins, britannique. C'est notre honteux secret de famille, mais il est bien à nous. Bath, Wells, Birmingham se reconnaissent dans Londres, tandis que Tours, Tarascon ou Lyon ne se reconnaissent pas dans Paris. [...] En Angleterre, en Allemagne et aux États-Unis, les gens affluent dans les grandes villes parce qu'elles expriment vraiment la vie du pays. [...] Les Parisiens, exception faite des riches et des élégants, portent leur regard loin de Paris. Ayant ramassé une quantité suffisante de pourboires, ils s'achèteront de la terre à la campagne et joueront aux dominos le soir au grand café d'une ville de province. C'est à Paris qu'on gagne de l'argent, mais c'est de préférence en province qu'on le dépense. Ils sont condamnés à y vivre pour l'instant et impatients d'en partir. Parfois le soir, au moment où les magasins et les bureaux ferment et où les Américains commencent à s'assembler dans les bars, je suis resté sur la place de la Concorde, essayant vainement d'attirer l'attention d'un taxi, et j'ai vu Paris tout entier comme un vaste embouteillage, emprisonné par le flux grossissant des véhicules, et chaque klaxon était comme un appel au secours».

*

La Maîtrise de Notre-Dame de Paris est sûrement la plus ancienne institution musicale de France. Sa fondation a précédé de quelques décennies celle de la cathédrale et ne cesse, depuis, de former enfants, jeunes et adultes – qu'on appelle «maîtrisiens» – au sein de chœurs distincts qui se réunissent pour animer les offices. Jusqu'au drame du mois d'avril 2019, il y en avait plus de mille par an.

Les rues du Cloître-Notre-Dame et des Chantres se nommaient déjà ainsi au début du XVIe siècle. Le cloître de Notre-Dame n'était pas comparable aux autres cloîtres de Paris ; c'était une véritable petite cité plantée dans l'île de la Cité, avec son mur d'enceinte percé de quatre portes, ses rues, ses trente-sept maisons canoniales et ses jardins. Là, vivaient, au calme, les chanoines de Notre-Dame. Et c'est là qu'ils créèrent les premières écoles parisiennes. On y enseignait la lecture, l'écriture, le calcul, le catéchisme et le chant. Ces établissements, célèbres aux XIe et XIIe siècle, disparurent au XIVe siècle.

Je me souviens d'avoir accompagné, en pleine nuit, l'un des titulaires de l'orgue de Notre-Dame qui souhaitait répéter son Bach avant une cérémonie le lendemain – ses titulaires possèdent une clef afin de travailler quand ils le souhaitent. Pour accéder à la tribune il fallait gravir un escalier à vis, traverser une vaste salle dallée puis s'engouffrer dans les entrailles de la bête, enjamber les tuyaux et baisser la tête sous les tubes. Arrivé au balcon, au-delà de la balustrade surplombant l'altitude, je vis s'étendre une nef noire qui s'allongeait vers l'infini. Le silence était absolu. En contrebas, sur terre, les cierges laissés allumés formaient de minuscules bouquets.

Le compositeur Claude Balbastre, maître de clavecin de Marie-Antoinette, était titulaire des orgues de Saint-Roch. À partir de 1756, il jouait des noëls durant la période des fêtes d'hiver. Mais l'archevêché lui interdit rapidement de les interpréter à la messe de Minuit ; on s'y pressait en si grand nombre pour les écouter que cela troublait la liturgie.

Quand le carillon de Saint-Germain-l'Auxerrois sonne les premières notes de ses mélodies, j'entends toujours en moi cette voix féminine, celle des annonces de gare ou des messages téléphoniques, dire : « Ce moment musical vous est offert par l'Église catholique, apostolique et romaine. »

*

Le comte de Maillé, grand-père du duc de la Force (l'historien dont le fauteuil à l'Académie échut à Joseph Kessel), s'est souvenu toute sa vie d'un matin de 1825, quand, après s'être préparé pour accompagner ses parents au sacre de Charles X, sa mère lui dit de rester à la maison : « Tu n'as que neuf ans. Tu auras bien le temps de voir des sacres ! »

*

« Les souvenirs récents qui ont le respect des anciens s'effacent devant eux. »

Pierre Dac, *Pensées éternelles*

« Oui, les souvenirs, il faudrait pouvoir leur parler. Ils doivent tout savoir de nos regrets, de nos remords. »

Robert Bober, *Par instants, la vie n'est pas sûre*

*

À lire en fredonnant

Il ne faut jamais revenir aux temps cachés des souvenirs
Du temps béni de son enfance
Car parmi les souvenirs, ceux de l'enfance sont les pires
Ceux de l'enfance nous déchirent

[…]
Pourquoi suis-je donc revenue, seule au détour de ces rues
J'ai froid, j'ai peur, le soir se penche,
Pourquoi suis-je venue ici, où mon passé me crucifie,
Où dort à jamais mon enfance ?*

*

Dans ses *Chroniques d'humeur*, André Fermigier note que « ce bleu [les voilettes des nurses] n'était pas le seul uniforme que l'on apercevait dans les rues. Que d'uniformes au contraire dans ce Paris de l'entre-deux-guerres et qui le rendaient si différent du Paris d'aujourd'hui ! Du képi, mis depuis quelque temps au rancart, du facteur, au bicorne de l'encaisseur (le hold-up n'était pas encore inventé), on ne voyait à Paris que des gens en uniforme : les sergents de ville, les gardes républicains que l'on sortait de leur boîte à la moindre occasion, des prêtres à foison, les sœurs de Saint-Vincent-de-Paul, les petites sœurs des pauvres avec leurs cornettes blanches qui battaient les carrefours comme des ailes de mouettes et tout ce que l'on peut imaginer de militaires, du simple troufion à l'officier supérieur étincelant de dorures et de décorations, du permissionnaire guetté par la fille publique aux saint-cyriens empanachés et aux polytechniciens toujours prêts au défilé. Car le Paris d'avant-guerre était encore la ville baroque qu'a décrite Lewis Mumford :

* *Mon enfance*, paroles de Monique Serf mises en musique par Barbara, 1968.

une ville faite pour le défilé, la procession, la fête, l'ostentation du cérémonial civil ou religieux».

On lit plus loin: «La ville surtout donnait l'impression d'une sorte de pérennité, d'organisme arrivé à son point d'excellence. Non pas une ville-musée, comme on l'a dit depuis pour justifier les pires sottises, mais une ville qui était parvenue à travers les siècles à être ce qu'elle avait décidé d'être, en fonction de son site, de son usage et de son histoire. On construisait d'ailleurs prudemment et fort peu, sinon dans des quartiers que nul n'avait de raison de fréquenter s'il ne les habitait pas. Le Paris de l'entre-deux-guerres était une ville sans architectes. Pas d'architectes, pas de chiens: la belle époque, quoi!»

Un autre entre-deux-guerres:

«Attentifs à ce que nous enseignaient les films de René Clair, nous regardions autour de nous les quartiers populaires, les petites figures simples et curieuses. L'École se trouve en bordure d'un des plus beaux "villages" parisiens, celui de la Montagne Sainte-Geneviève. Il nous arrivait d'aller acheter pour vingt sous un paquet de frites chez le marchand de la rue Mouffetard, de suivre ce fleuve de victuailles et de légumes, plein de querelles et de couleurs, et puis de rôder par les rues désertes entre les hauts murs de couvents, les entrées à escaliers de la rue Lhomond. De l'autre côté du ravin, la rue Rataud avait encore le même aspect, même pas provincial, mais villageois, avec ses hauts arbres inclinés sur le mur dégradé, et le petit réverbère de nos escalades. [...] notre patrie restait toujours le Quartier Latin, notre jardin du Luxembourg, nos cafés, les étroites salles du boulevard

Saint-Michel, et nous allions dans les petits cinémas à trois francs de l'avenue des Gobelins, revoir les vieux Buster Keaton, les vieux Harold Lloyd dont nous étions friands. »

« Nous recherchions aussi, de Saint-Séverin à Saint-Pierre-de-Montmartre, à Saint-Julien-le-Pauvre, les anciennes petites églises paroissiales de Paris, leurs jardins, leurs ombres. Enfin, ces années-là furent les dernières où l'on put se promener au quartier juif, rue Brise-Miche, rue du Roi-de-Sicile, rue de Venise, les plus sales et les plus étroites de Paris, aujourd'hui détruites. La beauté lépreuse et balzacienne de ces vieilles maisons noires, de ces renfoncements hideux, nous évoquait le Paris médiéval. [...] Ainsi s'approfondissait pour nous l'envoûtement de Paris, à quoi ceux qui l'ont connu à dix-huit ans n'échapperont jamais. Pourquoi certains lieux, certains carrefours sont-ils désormais empreints pour nous d'une magie incommunicable ? C'est que nous les avons reconnus, en ce temps-là, à des signes mystérieux, comme faisant partie de notre monde autonome. »

« Dans la journée, nos plaisirs du Quartier étaient chez Picard, où nous n'avons jamais cessé de feuilleter les livres, ou dans un "pathéphone" aujourd'hui disparu. On y entendait des disques nouveaux, mais surtout des disques anciens. C'est ainsi qu'à travers une sorte de fracas d'assiettes, de grincements de poulies, ne saisissant qu'un mot sur trois, nous avons pu nous faire une idée de Sarah Bernhardt dans la déclamation de *Phèdre*, telle que l'a décrite Marcel Proust. Quand la longue et bizarre mélopée était terminée, le disque continuait à crachoter un instant, puis la divine Sarah, reprenant sa voix naturelle, concluait : "Et voilà. C'est pas sorcier". »

« […] ce tableau du Quartier Latin vers 1930 ne serait pas complet si nous n'y mentionnions pas les restaurants russes. […] Nous étions fidèles du K'nam de la rue Royer-Collard, où je ne reviens pas, de temps à autre, sans donner un souvenir à notre ancienne table de quatre où nous avons fait connaissance avec les blinis, le bortsch et le goulasch, et qui est pour moi un lieu féerique. Pour un prix bien modique, alors que les restaurants dits français vivotaient dans la crasse et l'odeur de graisse, les étudiants avaient l'illusion du luxe, des fleurs sur les petites tables, des serveurs polis, un orchestre dont les chanteurs n'ont jamais changé, des images aux murs, et le plaisir de l'exotisme. » (Robert Brasillach)

Sur Brasillach, Julien Gracq écrira : « Le verdict de son œuvre appartient sans doute encore tout entier à la *justice retenue* : d'un côté comme de l'autre, vingt ans après la guerre, on ne le juge pas, on le brandit. Si j'essaie de lire *Notre avant guerre*, entre cet excès d'honneur et cette indignité, je trouve une facilité souvent gracieuse, où le *faire* rapide du journaliste se trahit. Mais cette sensibilité avait sa marque distinctive : ce qui frappe tout au long de ces Mémoires d'un homme de trente ans, c'est la faculté curieuse qu'il avait de ressentir son époque, presque au jour le jour et sans aucun recul, comme un futur *bon vieux temps.* »

*

Il y a peu, à l'entrée d'un village, un panneau routier attira mon regard :

Attention : Modification récente des lieux

NE PLUS SAVOIR

Le bruit des peuples s'éteint
Le murmure des noms,
Le sombre oubli
Étend ses ailes plus noires que la nuit
Sur des générations entières.

SCHILLER, *La fiancée de Messine.*

« Par amour de l'humanité, soyez inhumain », lit-on dans une pétition communarde. La mémoire complète de Paris est à chercher dans les cendres laissées par la Commune ; elle est donc difficilement trouvable. L'incendie qui ravagea l'Hôtel de Ville et sa bibliothèque, les archives de la préfecture de la Seine, nous a rendus amnésiques sur de nombreux points. Tout, ou presque, était là, l'état civil de la capitale et bien plus. Actes de naissance et de décès, de mariage, cadastre, plans d'architectes, manuscrits historiques, littéraires et artistiques. Jules Michelet, qui passa plusieurs années de sa vie dans ces rayonnages pour puiser l'essence de ses recherches, fut anéanti par leur disparition définitive. Daniel Halévy rapporte qu'il « refusera d'y revenir tant sa peine sera vive, il ne voudra jamais revoir ces parages déshonorés et s'en ira mourir au loin. Tout à fait au loin, dans une autre lumière, au bord de la Méditerranée ».

Il nous reste cependant une masse de documents considérable, des fonds d'archives vertigineux préservés des furieux comme par miracle. Dans son *Histoire et dictionnaire de Paris*, Alfred Fierro dresse la liste de ces sources, de ces mines d'informations et de témoignages qui permettront de tenter d'écrire l'histoire de Paris encore longtemps. Sur une dizaine de pages s'alignent, serrés et petits, les noms de tous les lieux, de tous les fonds et dépôts, archives, bibliothèques et musées, les numéros de cotes et d'inventaires classés par thèmes, selon les recherches, afin d'aider, d'orienter celui qui se jettera dans cet océan. Je veux croire que beaucoup de choses restent à découvrir afin de que nous puissions continuer de savoir.

Selon Hippolyte Taine, « la véritable histoire s'élève seulement quand l'historien commence à démêler, à travers la distance du temps, l'homme vivant, l'homme agissant, doué de passions, muni d'habitudes, avec sa voix, sa physionomie, avec ses gestes et ses habits, distinct et complet comme celui que, tout à l'heure, nous avons quitté dans la rue. [...] Il n'y a pas d'autre moyen pour connaître à peu près les actions d'autrefois, que de voir les hommes d'autrefois ».

Dans ses *Lettres sur les habitants de Paris*, Marivaux est d'une lucidité troublante. Observant ce qu'il voit, il relève l'intemporel de la nature humaine, ses travers universels. Il décrit ainsi ce peuple qui a « tous les vices qu'il se reproche dans ses querelles » et brosse « le portrait du génie du peuple, inconstant par nature, vertueux ou vicieux par accident ; c'est un vrai caméléon qui reçoit toutes les impressions des objets qui l'environnent. [...] Imaginez-vous, écrit-il, un monstre remué par un certain instinct, et composé de toutes les bonnes et mauvaises qualités ensemble ; prenez la fureur et l'emportement, la folie, l'ingratitude, l'insolence, la trahison et la lâcheté ; ajustez tout cela, si vous le pouvez, avec la compassion tendre, la fidélité, la bonté, l'empressement obligeant, la reconnaissance et la bonne foi, la prudence même ; en un mot, formez votre monstre de toutes ces contrariétés ; voilà le peuple, voilà son génie ».

Marivaux observe aussi les bourgeois.

« Le bourgeois de Paris est un animal mixte, qui tient du grand seigneur et du peuple : quand il a de la noblesse dans ses manières, il est presque toujours singe : quand il a de la petitesse, il est naturel ; ainsi, il est noble par imitation, et peuple par caractère. »

« Le bourgeois dans ses ameublements, ses maisons et sa dépense, est souvent aussi magnifique que le sont les gens de qualité ; mais la manière dont il produit sa magnificence a toujours certain air subalterne qui le met au-dessous de ce qu'il possède. »

« Généralement parlant, à Paris, vous trouverez de la franchise et de l'amitié dans le bourgeois ; mais il ne faut pas le tâter sur sa bourse : une froideur subite et l'éloignement succéderont aux marques d'affection que vous en aurez reçues : le bourgeois alors, se fait, de vous fuir, un principe de sagesse et d'habileté ; il se croirait votre dupe, s'il vous avait obligé. »

Quant aux bourgeoises, il écrit :

« Parmi elles, la médisance n'est qu'une expression de l'envie qu'elles auraient de la mériter. Ce qui gâte l'esprit des bourgeoises, c'est le faste continuel qui s'offre à leurs yeux : chaque carrosse que rencontre en chemin une femme à pied porte en son cerveau une impression de douleur et de plaisir ; de douleur, en se voyant à pied, de plaisir, en se figurant celui qu'elle aurait si elle possédait une pareille voiture. »

Avec la même lucidité, il dépeint les commerçants :

« Je les compare aux chirurgiens qui, avant de vous percer la veine, passent longtemps la main sur votre bras pour l'endormir : les marchandes, pour tirer l'argent de votre bourse, endorment aussi votre intérêt à force d'empressements et de discours ; et quand le bras est en état, je veux dire quand elles ont tourné votre esprit à leur profit, le coup de lancette vient ensuite, elles disposent de votre volonté, elles coupent, elles tranchent, elles vous arrachent votre argent, et vous ne vous sentez blessé que quand la saignée est faite. La boutique de ces marchandes est un vrai coupe-gorge pour les bonnes gens qui n'ont pas la force de dire non. »

Et aussi l'esprit des Lumières :

« Paris fourmille de beaux esprits : il n'y en eut jamais tant ; mais il en est d'eux à peu près comme d'une armée ; il y a peu d'*officiers généraux*, beaucoup d'*officiers subalternes*, un nombre infini de *soldats*. »

*

Il est difficile de se faire une idée du peuple de Paris au XIXe siècle, tant les descriptions qui en ont été faites divergent et qu'un certain inconscient collectif reste marqué par la vision naturaliste de romanciers qui cherchaient davantage à émouvoir qu'à documenter. Ainsi, dans *La Fille aux yeux d'or*, Balzac nous décrit un « peuple horrible à voir, hâve, jaune, tanné, [...] visages contournés, tordus [...], non pas des visages, mais bien des masques : masques de faiblesse, masques de force, masques de misère, masque de joie, masque d'hypocrisie ; tous exténués, tous emprunts des signes ineffaçables d'une haletante avidité [...], physionomie cadavéreuse qui n'a que deux âges, ou la jeunesse ou la caducité ; jeunesse blafarde et sans couleur, caducité fardée qui veut paraître jeune ».

La beauté du tragique est toujours poignante, mais le romancier américain James Fenimore Cooper, qui habite dans la capitale entre 1826 et 1828, estime, lui, que « la population parisienne, physiquement parlant, est plus belle que celle de Londres [...]. Les Français sont une race plus petite que les Anglais [...] mais la population de Paris présente un aspect de vigueur et de santé que l'on ne trouve pas généralement à Londres ».

Une figure populaire, bien réelle, traversa les siècles. Ce sont les poissardes. Réputées pour leurs emportements et leur langage fleuri, des lettres patentes leur défendaient, dès 1576, « d'insulter les bourgeois ou autres personnes qui marchanderont du poisson ». Mais dans un esprit français propre à la société d'Ancien Régime, on leur réservait les places d'honneur, devant les autres représentants des corporations ouvrières, lors des cérémonies officielles où le peuple était convié ; et les jours de spectacles gratuits, elles pouvaient occuper le balcon de la reine.

Dans ses *Mémoires*, le duc de Luynes raconte que « pour la naissance d'un fils de France, les poissardes se rendaient en corps à Versailles, où elles étaient admises dans les appartements, avaient la faveur d'être reçues par le roi, qu'elles complimentaient à genoux, mais en des termes parfois si cocasses que leur à-propos provoquait l'hilarité des personnes présentes ».

*

À lire en fredonnant

Enfin, v'là qu'est donc bâclé,
V'là l'Dauphin dans son ménage.
Le bon Guieu s'en est mêlé,
Ça fait bon assortissage.
Car ça va faire un tas d'enfants,
Mais gnia jamais trop d'honnêt's gens.

J'avons pris la liberté,
Dauphine, en fiolant l'rogomme,
De boire à votre santé,
Sans oublier Monsieur votre homme.
Vous aimez cet époux royal,
Tout l'Univers est vot'rival.
[…]
C'est tout d'même que Louis
On n'l'engueuse pas d'une harangue,
Ses yeux n'sont point éblouis
Des biaux discours qui n'ont qu'la langue.
Le cœur est fait pour plaire aux Dieux :
J'vous offre l'mien, c'est pour vous deux.*

*

* *Chanson poissarde*, de Jean-Joseph Vadé, vers 1750.

En 1882, Jules Vallès écrivit qu'« à Paris, deux voisins d'étage ne savent pas comment l'un et l'autre s'appellent, ce qu'ils font, s'ils sont riches ou pauvres. Cela ne paraît être rien et cela est tout, non seulement parce que c'est une joie de vivre indépendant dans un coin, mais parce qu'il y a là la preuve que Paris regarde haut et n'écoute que les grands bruits. Il ne cherche pas des poux sur la tête des faibles : il cherche des idées sous le crâne des forts ».

C'est en quelque sorte ce que confirme Léon Daudet, dans *Paris vécu*, en 1929 : « Il y a une élite ouvrière, notamment à Paris, passionnée pour les choses de l'esprit et les discussions théoriques et politiques, en même temps qu'habile en sa technique, et que je considère comme une véritable aristocratie. De cette élite, j'ai connu de nombreux spécimens, dans les hôpitaux et le monde des infirmiers, chez les typos, chez les cheminots, chez les chauffeurs, chez les garçons de restaurants et de marchands de vin, et dans bien d'autres professions. Un ouvrier de Paris à l'esprit ouvert est plus intéressant, à mon avis, qu'un bourgeois de même niveau intellectuel, parce qu'il n'est pas gâté par la convention, l'apprêt, le chiqué, le vernis d'académie, de faculté, de salon ; sceptique et gouailleur, il est remarquablement accessible à une conviction forte, à une certitude même mystique, à un enseignement vigoureux. Le goût d'apprendre, de s'instruire, est très vif chez lui. Quant aux typos, ils sont une aristocratie dans l'aristocratie dont je parle et fort capables de discerner ce qui est beau, nouveau, intéressant, de ce qui ne l'est pas. »

Jean Giraudoux partage cette vision, il l'idéalise même, lorsqu'il écrit, du haut de la Tour Eiffel, en 1923 : « Ainsi, j'ai sous les yeux les 5 000 hectares du monde où il a été le plus pensé, le plus parlé, le plus écrit. Le carrefour de la planète qui a été le plus libre, le plus élégant, le moins hypocrite. Cet air léger, ce vide au-dessous de moi, ce sont les stratifications ô combien accumulées de l'esprit, du raisonnement, du goût. [...] Tous les accidents du travail sont ici des accidents de la pensée. Il y a plus de chance qu'ailleurs pour que les dos courbés, les rides de ces bourgeois, de ces artisans, aient été gagnés à la lecture, à l'impression, à la reliure de Descartes et de Pascal. [...] Voilà l'hectare où la contemplation de Watteau a causé le plus de pattes-d'oie. Voilà l'hectare où les courses pour porter à la poste Corneille, Racine et Hugo ont donné le plus de varices. Voilà la maison où habite l'ouvrier qui se cassa la jambe en réparant la plaque de Danton. Voilà, au coin du quai Voltaire, le centiare où il fut gagné le plus de gravelle à combattre le despotisme. Voilà le décimètre carré où coula, le jour de sa mort, le sang de Molière. »

À ces vérités ajoutons celle de Jules Renard : « Le peuple est bête, pue et crache partout. »

Une chose s'est rompue, définitivement et depuis longtemps. Louis Veuillot le déplorait en 1867 : « Où prendre le type d'un de ces Romains de Corneille ou de Racine, qui sont en même temps si grands seigneurs français ? Les acteurs de Corneille et de Racine voyaient des hommes et des manières qui n'existent plus. Quant aux femmes, les portraits historiques témoignent que la race romaine de Versailles a complètement disparu. Elle a péri en 1789. Chérubin, parlant de la comtesse Almaviva, dit : "Qu'elle est imposante !” Aujourd’hui, même un page, ne saurait avoir l’idée seulement d’une jeune femme “imposante”. »

*

Et puis il y a la langue, celle qui forme l’esprit. Du même Veuillot : « C’est une belle et noble langue, le français. On ne sait pas le français, on ne le parle pas, on ne l’écrit pas sans savoir quantité d’autres choses qui font ce que l’on appelait jadis *l’honnête homme*. Le français porte mal le mensonge. Pour parler français, il faut avoir dans l’âme un fond de noblesse et de sincérité. Vous objectez Voltaire. Voltaire, qui d’ailleurs n’était pas un sot, n’a parlé qu’une langue desséchée et déjà notablement avilie. Le beau français, le grand français n’est à la main que des honnêtes gens. Une âme vile, une âme menteuse, une âme jalouse et même simplement turbulente ne parlera jamais complètement bien cette langue des Bossuet, des Fénelon, des Sévigné, des Corneilles, des Racine ; elle possèdera quelques notes, jamais tout le clavier. »

De ses études au lycée Condorcet, Daniel Halévy se souvenait qu’« une de nos graves préoccupations, je crois bien que c’était nos styles. La langue française, en ce temps-là, était en mauvais état. Edmond de Goncourt, avec ses “épithètes rares” et son “écriture artiste”, avait fait beaucoup de mal, et nous n’hésitions pas, on s’en doute, à renchérir sur la maladie dont sa littérature donnait l’exemple. De cette maladie pourtant les jours étaient comptés, la crise allait vers son terme, Anatole France et son exquis langage commençaient de faire entendre leur conseil. L’un d’entre nous avait compris : c'était Marcel Proust. » En bon aîné (d'un an), Proust donne des conseils au jeune Halévy dans la cour du lycée. Il lui écrit aussi : « Jeune homme, lisez Homère, Platon, Lucrèce, Virgile, Tacite, Shakespeare, Shelley, Emerson, Goethe, La Fontaine, Racine, Villon, Théophile, Bossuet, La Bruyère, Descartes, Montesquieu, Rousseau, Diderot, Flaubert, Sainte-Beuve, Baudelaire, Renan, France… Vous apprendrez que si votre esprit est original et puissant, vos œuvres ne le seront que si vous êtes d'une sincérité absolue, et que le pastiche, le sacrifice à une forme qui vous plaît, le désir d'être original sont autant de formes un peu cachées, mais d'autant plus dangereuses, de l'insincérité, puis, mais c'est secondaire, que la simplicité a des élégances infinies, le naturel des charmes ineffables… »

Savoir dire, écrire, voir et se taire. En 1900, Charles Péguy écrit à Jaurès une lettre qui sera publiée dans les *Cahiers de la Quinzaine*. Il lui relate quelques expériences de sa vie de boursier, dix ans auparavant. « Quand, de nos provinces respectueuses, nous arrivâmes à Paris, élèves au lycée Lakanal, au risque de sembler niais à ceux de nos camarades qui avaient des passe-temps moins lourds, nous allâmes au Louvre… Vous n'avez pas oublié, car il est inoubliable, de quel émoi religieux nous saluâmes la nouvelle blancheur des statues, l'application des toiles et les silences du monument. »

*

Au Collegium Societatis Jesu – le lycée Louis-le-Grand –, il était interdit dans l'enceinte de l'établissement, vers 1560, d'employer une autre langue que le latin. Ainsi naquirent le latin congru, parlé entre les professeurs, et le latin incongru, parlé entre les élèves. Cette langue était, depuis des siècles, celle de l'enseignement, et parce que les écoles et l'Université étaient rassemblées dans le même quartier, celui-ci fut longtemps appelé le *pays latin*.

Peu avant 1870, Théodore de Bainville soulignait que « nul quartier plus que celui-ci n'a été profondément modifié par les récents travaux qui ont transformé Paris ; nul, pourtant, n'a mieux gardé sa physionomie propre, car il y a en lui une vitalité morale, une pensée, quelque chose comme une âme contre laquelle les marteaux et les pioches ne peuvent rien ».

*

En 1783, Louis-Sébastien Mercier estimait qu'« à dix-huit ans, un Parisien a fait ses études. Il croit tout savoir ; il ne sait rien : mais il n'est plus censé devoir apprendre, étant hors de la férule des régents. Nous lisons que Cicéron, César, à l'âge de vingt-cinq ans, portaient encore le nom de disciples. Ils se préparaient dans de longues études aux importantes affaires du gouvernement. César et Cicéron avaient de l'esprit ; mais ils ne pensaient pas qu'il dût remplacer des connaissances, ou qu'on pût se reposer sur des subalternes pour les fonctions du ministère public ; se réserver le brillant du projet et en dédaigner les détails utiles.

« Ces anciens voulaient connaître par eux-mêmes les hommes, examiner les poids, les ressorts, les mouvements de la machine politique. L'esprit ne devine pas tout cela ; il faut voir, calculer, peser, et c'est ce qu'ils faisaient sans rougir.

« De nos jours, à vingt ans, le fils d'un président commence à caqueter sur des matières importantes ; les enfants des hommes en place passent d'une timidité excessive à une arrogance remarquable. On songe à faire de ces jeunes gens des orateurs, des colonels, des juges, de futurs évêques ; l'inspirateur, le secrétaire est déjà choisi : c'en est assez pour le succès. Si on osait, on les déclarerait adjoint au ministère ; on n'use néanmoins de cette licence, qui date de notre siècle, que pour quelques bureaux déjà tout montés.

« L'homme qui ose parler à vingt ans sera au-dessous du médiocre à trente ; c'est ce que j'ai été à portée de vérifier sur nombre de sujets. [...] Les jeunes gens ont réellement trop de cet esprit fondé sur les phrases qui circulent ; il faut que leur âme d'emprunt se dissipe bientôt en frivoles bluettes ; ce babil est l'infaillible marque d'un esprit sans consistance ; ils parlent beaucoup, ils tranchent, et, chose singulière, ils sont tous d'un sérieux qu'on pourrait appeler triste. »

*

Le même Mercier, toujours dans son *Tableau de Paris*, s'emporte : « Toutes [les inscriptions] sont en latin ; et d'où viennent les raisons qui propagent cette coutume absurde ? Approche, pédant en *us* ; dis-moi ce qui te porte à vouloir proscrire, même pour les monuments publics, la langue nationale ? *La langue latine a plus de précision*. Soit. Eh bien, l'inscription sera un peu plus longue. Pourvu qu'elle soit bonne et intelligible, qu'importent quelques syllabes allongées ? *La langue latine durera plus que la française*. Qu'en sais-tu, pédant ? Qui te l'a dit ? Comment oses-tu affirmer ce qui se passera dans mille ans ? Et pour qu'un savant du quarantième siècle puisse lire facilement ton inscription, faut-il que les trois quarts d'une ville ne sachent point ce qu'on a voulu leur dire ? [...] Comme six cents milles citoyens faisant des maisons, des bas, des souliers et pétrissant le pain que mangent messieurs les savants, n'ont pas le loisir d'aller au collège, il faut que les latinistes aient de leur côté la complaisance de leur laisser l'usage de leur langue maternelle, et de ne pas mettre sous les pieds d'un roi un latin qu'il n'a jamais compris ; car il ne pourrait pas expliquer lui-même ce qu'on dit à sa louange. »

De Joachim du Bellay : « Ceux qui penseront que je suis trop grand admirateur de ma langue, aillent voir le premier livre *Des fins des biens et des maux*, fait par ce père de l'éloquence latine, Cicéron, qui au commencement dudit livre, entre autres choses, répond à ceux qui déprisaient les choses écrites en latin, et les aimaient mieux lire en grec. [...] Je ne veux pas donner si haut los à notre langue, parce qu'elle n'a point encore ses Cicéron et Virgile ; mais j'ose bien assurer que si les savants hommes de notre nation la daignaient autant estimer que les Romains faisaient la leur, elle pourrait quelques fois, et bientôt, se mettre au rang des plus fameuses. »

Ce fut ce qui se produisit, un siècle plus tard.

*

La généralisation du tutoiement égalitaire – toujours de rigueur entre nos élus politiques – est une invention de la

Révolution. On lit, dans le *Bulletin de la Convention*, à la séance du 10 Brumaire de l'an II, que « les principes de notre langue doivent nous être aussi chers que les lois de notre république. Nous distinguons trois personnes pour le singulier et trois pour le pluriel, et, au mépris de cette règle, l'esprit de fanatisme, d'orgueil et de féodalité nous a fait contracter l'habitude de nous servir de la seconde personne du pluriel lorsque nous parlons à un seul. Beaucoup de maux résultent encore de cet abus : il oppose une barrière à l'intelligence des sans-culottes ; il entretient la morgue des pervers et l'adulation, sous le prétexte du respect, éloigne les principes des vertus fraternelles. [...] Ces observations ayant été communiquées à toutes les sociétés populaires, celles-ci ont arrêté à l'unanimité que pétition vous serait faite de nous donner une loi portant réforme de ces vices. Le bien qui doit résulter de notre soumission à ces principes sera une preuve première de notre égalité ; puisqu'un homme quelconque ne pourra plus croire se distinguer en tutoyant un sans-culotte lorsque celui-ci le tutoiera ; et de là, moins d'orgueil, moins de distinction, moins d'inimitiés, plus de fraternité apparente, plus de penchants à la fraternité, conséquemment plus d'égalité. »

Le librettiste Pierre-Louis Ginguené, contributeur à *La Feuille villageoise*, fut un grand défenseur de cette loi. Quelques mois après son instauration, il dut cependant déplorer que « le *tu* et le *toi* ont régné, et la fraternité n'est pas venue, et le tutoiement et le rudoiement ont été presque inséparables. Les deux coquins qui m'arrêtèrent au sein de mon paisible ménage, et dont l'un était un brigand armé comme ses pareils le sont au coin des bois, l'autre un valet d'une dévote de Robespierre, nous tutoyaient moi, ma femme, un timide et honnête domestique, sans que je visse en cela rien de fraternel.

Je fus ensuite tutoyé rondement et rudement par un comité révolutionnaire et ensuite à Saint-Lazare, par le concierge Semé, par son horrible successeur Verney, par les guichetiers, par le municipal Bergot, par le commissaire de la commission populaire des prisons ; je devais l'être, dans la seconde décade de thermidor, par l'infernal Dumas et sans doute aussi par le digne exécuteur de ses hautes œuvres, comme le furent par vingtaines, le 6, le 7 et le 8, nos innocents et malheureux compagnons d'infortune.

La Révolution du 9 les empêcha de pousser jusqu'au bout l'expérience ; mais cela m'a fait faire quelques réflexions sur le *tu*, qui m'ont rapproché du *vous*, avec lequel, au reste, je ne m'étais jamais brouillé tout à fait.

Ce que je faisais alors, je le fais encore aujourd'hui. Je réponds comme on parle ; je rends *tu* pour *tu*, *vous* pour *vous*.

Que les gens croient, par le tutoiement, donner une preuve sans réplique du plus pur, du plus ardent patriotisme ! Ils pensent toucher au but et ils n'ont pas encore fait un pas pour l'atteindre ».

*

La lecture des *Dames galantes*, de Brantôme, nous apprend qu'un jour où François Ier assistait à un combat de lions, à la ménagerie du château des Tournelles, située à l'emplacement de l'actuelle rue des Lions-Saint-Paul, une dame laissa volontairement tomber son gant dans la fosse. Elle dit à Jacques de Lorges, qui était à son côté : « Si vous voulez que je crois que vous m'aimez autant que vous me le jurez tous les jours, allez ramasser mon gant. » Le gentilhomme descendit, ramassa le gant, remonta, le lui jeta au visage et, dès lors, ne voulut plus jamais la revoir. La belle sombra dans le désespoir.

Le fils de ce cœur courageux, Gabriel, entra dans l'histoire en blessant mortellement Henri II lors d'un tournoi, le 30 juin 1559. C'était un accident mais, régicide de fait, il fut exécuté le 26 juin 1574.

*

Serait-il possible d'apposer le calque des *Parisiens* de Daumier sur ceux d'aujourd'hui ?

*

Une chose demeure. C'est un amusement, une façon de faire ou de voir le monde – je ne sais comment la définir –, qui se répète de génération en génération, peut-être depuis toujours. Il s'agit de ce défi que se lancent à eux-mêmes les jeunes enfants lorsqu'ils sont dans la rue : marcher uniquement sur les bandes d'un passage piéton, ne pas empiéter sur la ligne de ciment qui délimite chaque bloc de granit s'ils suivent un trottoir, allonger le pas pour atteindre uniquement les cases noires ou blanches quand ils passent un damier. J'y vois un cousinage avec leur collectionnite irrépressible, cette nécessité de ramasser cailloux, feuilles, branches ou coquillages afin de constituer le trésor d'un jour.

*

Comme Daniel Halévy, Léon Daudet sut écrire sur sa jeunesse passée dans un environnement artistique et littéraire foisonnant, sur ses familiers qui étaient tous des grands. Après avoir évoqué l'enterrement de son père dans *Alphonse Daudet*, et les « mots superbes » que prononça Émile Zola sur sa tombe, il ajoute : « Que l'on discute tant qu'on voudra le romantisme ou le naturalisme, l'utilité ou le défaut des écoles, ce fut une belle heure littéraire celle qui réunit dans de mêmes enthousiasmes Gustave Flaubert, Ivan Tourgueniev, Émile Zola, Edmond de Goncourt, Alphonse Daudet, Guy de Maupassant, Henry Céard, Gustave Toudouze et quelques autres. Ce n'était point là le *cénacle*, le groupement d'ambitions déçues, la potinière où l'on démolit les absents. Et, quand Flaubert mourut, je revois leur douleur à tous ; quelques jours auparavant, il y avait à Croisset une réunion de fidèles, une petite partie littéraire d'où ils revinrent enchantés. Je vois, parallèlement, la semaine qui précéda la mort de mon père, le dîner Balzac, organisé pour renouveler ces belles traditions : lui, Zola, Barrès, Anatole France, Bourget… Ce fut cordial et charmant. Entre tant de sujets, on parla de la mort. Bourget rappela que Taine avait demandé pour ses derniers moments la lecture d'une page de Sainte-Beuve “afin d'entendre quelque chose de clair”. »

Selon Rivarol, « ce qui n'est pas clair n'est pas français. »

*

À lire en fredonnant

> Quomodo sedet sola civitas plena populo ?
> Facta est quasi vidua domina gentium :
> princeps provinciarum facta est sub tributo.*

*

Un reportage de l'ORTF réalisé à l'occasion du référendum constitutionnel, en septembre 1958, nous apprend l'existence de Mme Louise Blanc. Le sujet est archivé à l'INA. On y voit, à la mairie de Lavallois, une petite dame élégamment vêtue de noir, de fines lunettes cerclées et comptant presque toutes ses dents. Après le bureau de vote, elle est filmée dans son salon. La mise en scène de sa vie domestique par la radiotélévision française ne l'impressionne pas, et, c'est en souriant, qu'elle se plie aux exigences de ses contemporains d'alors. Elle est née en 1853. Elle coud assise dans un fauteuil, elle fume, se lève pour téléphoner puis se lève encore pour trinquer avec un couple de personnes âgées, vraisemblablement son gendre et sa fille. La voix off accompagne chaque image :

---

* *Lamentations de Jérémie* chantées dans les *Leçons de Ténèbres*, de François Couperin, 1713-1717. « Comment cette ville, autrefois si peuplée, est-elle maintenant abandonnée et déserte ? La maîtresse des nations est comme une veuve désolée : celle qui commandait à tant de tribus est assujettie au tribut. »

« Née sous le règne de Napoléon le troisième, elle a vu dix-huit présidents de la République ; elle a tiré l'aiguille à la lumière de la lampe à pétrole, du gaz, de l'électricité ; elle a connu trois guerres ; deux insurrections, celles de 1871 et 1944 ; elle a vu construire la Tour Eiffel, le Sacré-Cœur, le Trocadéro – qu'elle a même vu démolir par la suite ; et le baron Haussmann a tracé ses célèbres avenues pour ses seize ans. Les Expositions elle ne les compte plus, celle de Bruxelles, la dernière en date, lui a plu mais “la Galerie des machines, c'était tout de même autre chose”. Les techniques modernes n'ont pas de secrets pour elle et c'est dans la fumée d'une cigarette qu'elle évoque mieux les ombres du passé. Elle a tellement connu de choses en 105 ans ; en 38 351 jours si vous préférez – années bissextiles comprises –, ou mieux, en 920 414 heures. [...] Cette charmante vieille dame qui, après avoir connu l'Empire, la IIIe et la IVe République, lève joyeusement sa coupe de champagne en pensant à la Ve. »

*

« La société est composée de deux grandes classes : ceux qui ont plus de dîners que d'appétit et ceux qui ont plus d'appétit que de dîners. »

(Chamfort)

*

Brûler les bibliothèques semble être un passe-temps de révolutionnaires. Avant les incendies de 1871, il y eut celui du 19 août 1794 qui fit disparaître en quasi-totalité celle de l'abbaye de Saint-Germain-des-Prés. Elle s'était formée « comme le Delta du Nil, d'alluvions successives ». Riche déjà de son propre fonds, augmenté régulièrement par l'habitude qu'avaient prise aux XVIIe et XVIIIe siècles beaucoup de bibliophiles de léguer leurs livres et leurs collections aux savants religieux. C'est ainsi qu'en 1718, Jean d'Estrées, abbé d'Evron et de Saint-Claude, légua sa bibliothèque de 22 000 volumes, abondante en pièces relatives à l'histoire de France. En 1720, Eusèbe Renaudot, de l'Académie Française et de l'Académie des Inscriptions et Belles-lettres, légua sa bibliothèque, presque exclusivement composée de livres orientaux. En 1732, Henri-Charles du Cambout, duc de Coislin, pair de France, premier aumônier du roi, évêque de Metz, légua ses manuscrits, dont le fonds lui venait du chancelier Séguier, son bisaïeul maternel. Ces manuscrits étaient au nombre de 3 000, parmi lesquels 400 manuscrits grecs. Le président du Harlay agit de même, et le géographe Baudran fit don aux religieux d'une collection très considérable de cartes et de plans. Au moment de la Révolution, la bibliothèque comprenait 49 387 volumes parmi lesquels 9 356 in-folio, 11 747 in-quarto, 28 284 in-octavo ou in-douze. Elle comptait 7 072 manuscrits qui se décomposaient ainsi : 634 orientaux, 4 152 grecs, 1 644 latins, 2783 français. Parmi ces manuscrits, il s'en trouvait de véritablement inestimables.

Cette bibliothèque était ouverte au grand public une fois par semaine et aux *gens de lettres* tous les jours. « On y reçoit avec beaucoup d'honnêteté ceux qui ont besoin de secours », disait le père du Breul, bibliothécaire de 1597 à 1614.

En août 1794, l'incendie progresse d'autant plus facilement que le commandant de la compagnie des gardes pompes de Paris, blessé quelques jours auparavant, est alité. Les ordres ne sont pas transmis et c'est une chaîne humaine improvisée qui tente de barrer les flammes. Face au drame qui s'annonce, inévitable, un homme se révélera un héros. Selon Dumont, Dom Germain Poirier, ancien religieux qui ne s'était pas résolu à quitter les abords de l'abbaye au plus fort de la Terreur, s'élance dans le foyer. « Déjà l'incendie lèche les volumes précieux, les palimpsestes, les manuscrits écrits en lettre onciales. [...] Il retire des caves où on les a jetés pêle-mêle, les volumes maculés, déchirés, à moitié carbonisés ; il ne sait ce qu'il doit sauver de préférence parmi ces trésors ; il reconnaît, navré, les raretés qui dormaient jadis dans les armoires de chêne et qu'on ne montrait qu'aux privilégiés. Au hasard, il arrache ainsi à la destruction 10 000 volumes qui, transportés à la bibliothèque Richelieu, formeront le fonds Saint-Germain-des-Prés. »

Le 24 mai 1871, c'est au tour de la Bibliothèque impériale de flamber. Parmi les cent mille et quelques ouvrages hébergés au palais des Tuileries, l'on pouvait consulter, jusqu'à la Semaine sanglante, des trésors. Aux reliures inestimables de la Renaissance et du Grand Siècle, les nombreux legs et dépôts au fil du temps avaient là aussi enrichi son fonds d'histoire et de poésie, d'histoire naturelle et de géographie. Le manuscrit de *La Botanique* accompagné des dessins de Jean-Jacques Rousseau était là ; il côtoyait, parmi tant d'autres, les feuilles de Redouté illustrant le *Choix de diverses fleurs et roses*, les vélins de Pauline Knip réalisés pour l'*Iconographie des Pigeons* et les quatre cent trente-cinq planches aquarellées d'Audubon pour les *Oiseaux d'Amérique*. C'est là que se trouvaient également une bulle du pape Agapet sur papyrus datée de 951, les dessins de Claude Perrault pour la Colonnade du Louvre, le château de Versailles et l'Observatoire, ainsi que les livres de comptes relevant les dépenses quotidiennes faites pour la famille royale durant son incarcération à la prison du Temple.

*

Paris est mort ! Et sa conscience abîmée
À tout jamais s'évanouit dans la fumée !...
Eh bien ! quand l'incendie horrible triomphait,
Une voix dans mon cœur criait : ils ont bien fait* !

À lire à la lueur de ces flammes :

Le socialisme est un crime qui doit être poursuivi comme le serait le parricide**.

*

Il manquait un trait d'union entre Marie de Médicis et Jeff Koons ; en 2019, la Mairie de Paris répara cette erreur de l'Histoire en inaugurant, Cours-la-Reine, *Bouquet of Tulips*, « cadeau » chèrement acquis au médiatique Américain en signe, paraît-il, de son amour débordant pour ma ville. Le résultat est un machin aux couleurs vives de 12 mètres de haut surélevé par un cube en béton qui écrase le délicat Pavillon Ledoyen et un charmant bassin début de siècle

* Eugène Vermersch, *Les Incendiaires*.
** Horace de Viel Castel, *Mémoires*.

(vingtième). Ici se matérialisent l'évolution des goûts de l'humanité et de l'image que celle-ci a d'elle-même. D'un regard, on embrasse le *posé-là* au mépris de tout – mais suffisamment bien fichu pour garantir la réussite d'un *selfie* –, et l'attention touchante du paysagiste ou de l'urbaniste qui pensa, pour rafraîchir la promenade, à placer précisément *ici* ce petit bassin, car les bancs qui l'entourent peuvent y être ombragés.

Une promenade ombragée, telle était, en 1616, ce que désirait avoir Marie de Médicis en sortant du jardin des Tuileries ; un *corso*, dit-on en italien. C'est ainsi que naquit le Cours-la-Reine, cette perspective plantée le long de la Seine où, pendant plus d'un siècle et demi, défila la noblesse élégante, les femmes en voiture, les hommes à cheval. Dans *Le Grand Cyrus*, roman à clef dont les dix volumes parurent de 1649 à 1653, la précieuse Mlle de Scudéry décrit les lieux : « Au bord de ce fleuve est la ville de Suze [Paris], que grand nombre de palais magnifiques font paraître aussi belle par dehors qu'elle l'est par dedans... En arrivant du côté par où Hermogène mena Bélésis, on trouve le long de ce fleuve quatre grandes allées si larges, si droites et si sombres par la hauteur des arbres qui les forment, que l'on ne peut pas voir une promenade plus agréable que celle-là. Aussi, est-ce le lieu où toutes les dames vont le soir dans de petits chariots découvertes, et où tous les hommes suivent à cheval ; de sorte qu'ayant la liberté d'aller tantôt à l'une et tantôt à l'autre, cette promenade est tout ensemble promenade et conversation, et est sans doute fort divertissante. [...] Ils virent ces grandes allées toutes remplies de ces petits chariots peints et dorés, dans lesquels les plus belles dames de Suze étaient ; et auprès de qui un nombre infini d'hommes de qualité, admirablement bien montés et magnifiquement vêtus, allaient et venaient en les saluant. »

Dans la poussière des équipages, le bruit des roues et des sabots, le spectacle devait être éclatant de voix, de couleurs et de rires. Ces défilés permettaient à la mode de sortir de la Cour. Elle se propageait alors parmi les riches bourgeois avant de se répandre, plus tard, dans le peuple qui tentait de reproduire les modèles idéalisés. De là, ils passaient à la province puis à l'étranger quand, depuis longtemps, Paris bruissait de nouvelles tendances.

Dans les années 1655, le costume pour homme se transforma, perdit sa simplicité. Les gentilshommes se parèrent de linge brodé, abandonnèrent les bottes pour des bas de soie et des chaussures à bouts carrés, et ruisselèrent, de la tête aux pieds, de rubans en nœuds ou en touffes qu'on appelait « galant » ou « petite oie ». De leur côté, les femmes de qualité ajoutèrent deux jupes à la seule qu'elles portaient auparavant, une robe de dessus ouverte sur le devant, retroussée et bombée sur les hanches et prolongée en arrière par une traîne. Les Précieuses nommaient la jupe du dessous la « Fidèle », celle du milieu la « Friponne » et celle du dessus la « Modeste ». La première « est jupe de besoin ; elle touche du bout du doigt au point du parfait amour ; elle doit porter les couleurs de l'amant et être assortie aux rubans et aux garnitures ; la seconde est jupe d'éclat et de parade : à elle les étoffes d'or et d'argent, les passements, les broderies et les dentelles. De la troisième, ces dames galantes ne disent rien ». L'emballement pour les modes était spectaculaire, l'une chassait l'autre à une vitesse qui n'aurait rien à envier à celles d'aujourd'hui (je parle uniquement de vitesse). Ainsi, en mai 1682, on voit les manches féminines se terminer en « grandes oreilles » et ornées, aux revers, de trois glands d'or ou d'argent ; en octobre, elles sont carrées ou échancrées avec touffes de rubans ; en novembre, elle prennent la forme de « raquettes » ; en 1683, elles deviennent « battoirs » et leurs revers sont entourés de dentelles, de brocarts ou de moires d'or et se ferment avec des boutons gansés de soies colorées ; en 1684, elles affectent l'apparence de « bottes » avec galons brodés, puis s'arrondissent vers 1693. La garde-robe masculine connaîtra les velours, les damas blanc, vert, aurore ou cramoisi embellis de dentelles, les soies fleuries puis le retour du velours couleur feu, bleu brodé d'or ou d'argent, etc. Les plumes et les chapeaux mériteraient chacun un chapitre – ou un livre. Émile Magne note cependant que le costume, féminin comme masculin, conservera à peu de chose près, jusqu'à la mort de Louis XIV, le modèle primitif établi en 1678. La splendeur et la diversité des tissus, des garnitures et de l'ornementation se substituant à l'intelligence créatrice des tailleurs et des couturières. Cela était toutefois suffisant pour que Colbert estimât que l'industrie du luxe était à la France ce que les mines du Pérou étaient à l'Espagne.

M. Magne relève aussi le nom des étoffes évoquées dans le *Mercure* de ces années-là : « Les gros de Tours, les draps de Hollande, d'Angleterre, de Sedan, le moncayard des Flandres, le camelot de Bruxelles, la ratine d'Espagne, le droguet, le ras de Gênes ou de Siam, la tiretaine de Bavière, la serge du seigneur, brochés, ramagés, passementés, brodés de toutes sortes de motifs floraux d'or, de soie et de cordonnet ; certaines étoffes aussi d'invention nouvelle, une, par exemple, non dénommée, qui, rayée de filets couleur gorge-de-pigeon, "feignait le chagrin", une autre, à carreaux, dite *vitrée*, une troisième, or ou aurore, appelée "écorce d'arbre", étoffes fines de soie ou de laine, remarquables par leurs belles qualités de tissage, servirent à la composition du costume masculin. Les couleurs en étaient moins vives : gris, rouge, bleu, jaune, cerise, écarlate, gris de lin, café, violet, ventre de biche, ou bien effacées : castor, brun, feuille morte, minime, selon les circonstances ou les saisons. »

Sommes-nous loin du « venez comme vous êtes ».

Bordé de fossés et fermé de grilles, le Cours-la-Reine était une promenade de mille cinq-cents mètres de long qui commençait à l'Abreuvoir l'Évêque, hors de la fausse porte des Tuileries, située place de la Concorde, et finissait au pré de la Savonnerie (place de l'Alma). Les barrières supprimées un temps furent replacées en 1766 par M. de Marigny qui donna l'ordre aux portiers « de ne les ouvrir qu'aux princes du sang et aux personnes autorisées, sous peine de perdre leur place ». L'ordre fut par la suite assoupli afin de laisser « tout carrosse, soit de personne qualifiée, soit de bourgeois, les fiacres et voitures de charge devant passer uniquement par le quai ».

Au courant de l'été 1714, la mode était d'aller au Cours-la-Reine vers minuit pour se promener aux flambeaux, pendant que se produisaient danseurs et musiciens.

Le 27 novembre 1723, le duc d'Antin, surintendant des Bâtiments, fit remplacer les arbres. Il en planta lui-même un et attendit, debout, que tous les autres le fussent, ce qui fut fait en trois heures. Il avait justifié ce vaste plan car « la vieillesse noueuse offensait les lois de la symétrie ». La cérémonie dut être élégante : un soldat était posté devant chaque arbre, à un signal donné, chacun l'abattit puis en replanta un nouveau. La promenade redevint à la mode jusqu'à la Révolution et même après, puisqu'une vue peinte sous le Directoire nous montre, à l'entrée du Cours, l'élévation d'une colonne dans le pur style égyptien.

*

Dans son *Journal*, le marquis de Dangeau nous apprend que les questions de mode sont quasiment traitées, à Versailles, comme des affaires d'État. Le 24 juillet 1715 : « On parle fort d'un changement d'habit et de coiffure pour les dames et l'on doit s'assembler demain, après dîner, chez madame la duchesse de Berry pour cela, où l'on fait venir les habiles tailleurs et les fameuses couturières, et Bérain, le dessinateur de l'Opéra. »

Selon La Bruyère, « il y a autant de faiblesse à fuir la mode qu'à l'affecter ».

*

Nestor Roqueplan estime que « l'élégance d'une silhouette, la distinction d'un profil, la majesté d'une attitude, d'un mouvement du corps animant un vêtement… Le "chic parisien", celui de la "Parisienne" et du "Parisien", serait la référence du paraître par excellence, un art d'exister qui, suprêmement maîtrisé, désincarnerait quiconque l'incarnerait… l'incarnation de l'exemple immuable du savoir exister par soi-même et pour soi-même, quelles que soient les influences et quitte à s'en inspirer, surtout lorsqu'elles sont anglaises ».

*

L'origine du lotissement du Cours-la-Reine remonte à la fin des années 1820, lorsque le colonel Brack fit venir de Fontainebleau la façade d'une maison Renaissance afin d'habiller l'hôtel de sa maîtresse, la tragédienne Mlle Mars. On l'appela la « Maison de François Ier » car on disait, alors, que le roi, etc. Mais l'on n'en sait rien, et, depuis, l'hôtel a été écrasé par un immeuble de bureaux. François Ier donna en tout cas son nom à une belle place et une jolie rue en 1861 et permit à ce quartier tout neuf de recevoir le vernis des Valois : rues du Boccador, Jean-Goujon, Bayard, Marignan, Clément-Marot. Et ce que l'on avait vu ailleurs se produisit ici : la nouveauté tournée vers les Champs-Élysées se détourna du Cours-la-Reine qui, entre l'Alma et l'avenue Franklin-D. Roosevelt, fut rebaptisé Cours-Albert Ier.

Dire que le Cours-Albert Ier-la-Reine-Jeff-Koons est abandonné à la voiture serait inexact. Il est abandonné tout court. Il est cependant plus plaisant de l'emprunter en voiture qu'à pied car la chaussée y est mieux entretenue que les trottoirs et les pelouses qui ravissaient Mlle de Scudéry. Si l'on doit par ailleurs donner un sens aux choses, il est intéressant de constater que cette perspective lamentablement défraîchie est celle que Paris dédie à ses pays amis.

En partant de la Concorde, la première statue que nous rencontrons est celle d'Albert Ier, roi des Belges et héros de la Première Guerre mondiale. De l'autre côté, les immortelles *Tulips* de l'Américain, puis les flancs du Petit Palais. Aux abords du pont Alexandre III, perché sur un piédestal de plusieurs mètres, un Simon Bolivar à cheval fait une surprenante apparition ; il est offert par « les Républiques bolivariennes du Venezuela, Colombie, Équateur, Pérou, Bolivie et Panama à la Ville de Paris ». Merci. Passé le pont, son vis-à-vis n'est autre que Lafayette, « érigé par les élèves des écoles des États-Unis en souvenir reconnaissant de Lafayette, homme d'État, guerrier, patriote ». Au bas du monument, on apprend que c'est un « tribut de la société nationale des filles de la Révolution américaine à l'illustre mémoire de Lafayette, ami de l'Amérique, compagnon d'armes de Washington, soldat des deux patries ». Cette épopée financée par Louis XVI pour embêter les Anglais demeure un épisode émouvant de l'Histoire. Non moins touchant, le monument suivant est « à la mémoire des soldats et officiers du corps expéditionnaire russe ayant combattu sur le sol français entre 1916 et 1918. La France et la Russie reconnaissantes ».

Le promeneur qui a échappé aux embûches du parcours jusqu'à ce soldat et son cheval en bronze peut aussi apprendre qu'« en 1916, à la demande des Alliés, la Russie envoya en France deux brigades spéciales du Corps expéditionnaire russe. Plus de 20 000 hommes participèrent aux opérations en Champagne. Plus de 5 000 d'entre eux, soldats et officiers russes, perdirent la vie sur les champs de bataille français ». Plus loin encore, une autre statue est un « hommage à Komitas, compositeur et musicologue, et aux 1 500 000 victimes du génocide arménien de 1915 perpétré dans l'Empire ottoman». Avant d'arriver enfin place de l'Alma, on salue «la colonne d'airain à l'âme de la Pologne». S'il arrivât à Bourdelle d'être plus inspiré, il put tout de même représenter, perché très haut, le poète Adam Mickiewicz et placer quantité d'inscriptions fortement élogieuses. Ce monument organisa la circulation autour de lui place de l'Alma, de son inauguration en 1925 à 1954. Il fut décidé, cette année-là, de creuser le tunnel dans lequel devait mourir lady Diana en 1997, et la colonne fut déplacée de quelques mètres.

Non loin d'elle, perdue dans les hautes herbes d'un triangle oublié entre les voies de circulation, on distingue une femme allongée de Maillol. Je doute qu'on puisse un jour aller la voir de près, même quand Paris aura achevé l'éradication totale de l'automobile.

En tournant le regard vers la Rive gauche, on voit les bulbes d'or mat de la cathédrale orthodoxe de la Sainte-Trinité. Elle a été inaugurée en 2016, en pleine crise diplomatique entre la France et la Russie, mais inaugurée quand même. Ces bulbes plantés aux pieds de la Tour Eiffel témoignent des liens du sang qui unissent nos deux pays et confèrent, au peu amène quai Branly, la fantaisie d'une Expo 1900.

*

Si l'on en croit Paul Morand, «la vie de société ne souffre pas l'à peu près. Quand on est né à Paris, qu'on a vécu à Londres, les villes intermédiaires dans leur *social life*, que ce soit Rome, Madrid ou Évreux, sont impossibles. Mille fois valent mieux les Touaregs ou les livres».

Naître et grandir à Paris aiguise le regard, incontestablement. On y apprend beaucoup de choses dès le plus jeune âge et, notamment, à bien regarder à droite et à gauche avant de traverser la rue ; plus encore, à redoubler de vigilance à la vue d'une plaque minéralogique verte et orange.

*

Je me suis longtemps demandé comment faire pour peser un appartement, comment calculer son poids avec ses parquets, ses meubles, ses bibliothèques et ses tableaux. Un architecte finit par m'apprendre qu'une norme voulait qu'on compte 100 kg au mètre carré. Cela me déçut énormément ; l'appartement de Philippe me semblait bien plus lourd.

*

« Cette partie du XVIIe arrondissement qu'on appelle la plaine Monceau est à la fois très élégante et très moderne : elle est satisfaite d'être ainsi. Le XVIe, c'est le quartier des romans psychologiques : quel privilège ! Le VIIIe a la Madeleine et ces degrés célèbres où les jeunes épousées font l'épreuve de leur démarche ; le VIIe, c'est le faubourg inimitable ; le Ve est vain de ses écoles et de sa gravité, et le VIe est heureux du mélange qu'il réussit avec la gravité du Ve et le grand style du VIIe. Enfin, c'est une satisfaction universelle. »

(Daniel Halévy)

*

L'arrivée du train à vapeur suscita beaucoup de craintes. Aussi, le conseil des ministres s'opposa-t-il à ce que Louis-Philippe participât au trajet inaugural de la ligne Paris – Saint-Germain-en-Laye, le 24 août 1837, car « la personne du roi étant sacrée, il ne peut ainsi exposer sa précieuse vie dans un voyage plein de dangers ». Moins précieuses, la reine et ses filles purent découvrir les joies du rail aux côtés des ducs d'Aumale et d'Orléans, et goûter, lors du déjeuner officiel, une nouveauté culinaire : les pommes soufflées. Collinet, le chef cuisinier du Pavillon Henri IV, avait plongé ses lamelles de pommes de terre dans un bain d'huile ; quand on lui annonça que le train avait du retard il les retira, et quand on le prévint que le train arrivait (l'hôtel surplombe la vallée de la Seine et le chemin de fer), il les replongea. Quelques années plus tard, il inventa la sauce Béarnaise, mais là, ce ne fut pas un accident.

*

Periculum privatum, utilitas publica, « dangereux pour chacun, utile à tous ». Telle fut l'inscription qui orna la locomotive du premier train à vapeur transportant des passagers, entre Darlington et Stockton, le 22 septembre 1825.

*

Le développement du chemin de fer joua un rôle crucial dans la longue conquête menée par l'homme sur le temps qui passe. Pour synchroniser les horloges publiques, il fallut, à la fin du XIXe siècle, tirer des câbles télégraphiques afin de les relier à l'horloge-mère de l'Observatoire de Paris. Pour cela, le train était fort pratique, et la France avait une belle avance en la matière, en Europe et même au-delà, puisqu'elle importa au Brésil, en 1878, l'heure de la Rive gauche *via* des câbles sous-marins. L'empereur Don Pedro II consacra, depuis les côtes de Bahia, le branchement de son pays au Bureau des Longitudes de Paris. Toutefois, les Anglais et les Américains progressaient aussi rapidement, et, en 1884, la Conférence de Washington dut décider du méridien qui serait la référence universelle. Les Français défendirent, évidemment, le méridien de Paris mais, trop isolés, ils ne purent s'opposer à l'adoption du méridien de Greenwich. Pour François Hartog, « la datation en avant et après J.-C. avait inscrit le triomphe du régime chrétien dans les tables du temps, puisque la descente du temps *kairos* dans le temps *chronos* était instituée comme "pivot" du temps universel. En 1884, l'adoption du méridien de Greenwich comme méridien origine, qui permet une synchronisation du monde, fait de Greenwich le "pivot" du temps du monde (le Temps universel) ».

*

Colbert ne réussira jamais à convaincre son astral souverain que le rayonnement de la France dépendait du rayonnement de Paris. Sa correspondance témoigne de sa vaine insistance auprès du roi mais les faits prouvent qu'il put finalement mener les projets que sa clairvoyance lui dictait – malgré un Louvois toujours en embuscade. C'est à Colbert que l'on doit les travaux de réaménagement du Louvre et des Tuileries, la création d'un pôle industriel pour diffuser la production artistique française dans le monde entier, avec les tapisseries des Gobelins et de la Savonnerie, de même que l'investissement dans la recherche scientifique à travers l'Observatoire et le Jardin des Plantes. À la lumière du Soleil, il permit qu'on étudiât le Ciel et la Terre.

Également préoccupé par l'assainissement de la ville, le ministre fit élargir les rues, paver les quais et les ports commerciaux, poser des fontaines ; il soutint Nicolas-Gabriel de La Reynie, lieutenant général de Police, quand celui-ci voulut éclairer les rues – sauf l'été et les nuits de pleine lune. Des lanternes furent suspendues en 1669, environ cinq mille, dans toute la ville. Un coup de vent les éteignait, une mauvaise mèche les enfumait, un vrai bandit les ignorait mais Paris n'avait plus peur du noir. À cette occasion, Louis XIV fit frapper une médaille de bronze portant, côté face, son profil et, côté pile, une nymphe lanternière, avec cette inscription : URBIS SECURITAS ET NITOR (une ville sûre et élégante).

Et c'est parce qu'il voulait embellir davantage la grande ville du grand royaume que Colbert fit border d'arbres une nouvelle promenade, ouverte au nord, sur le tracé des anciennes fortifications ; ce fut la naissance des Boulevards. Paris n'avait plus de protections ; ce n'était plus une ville à prendre.

Toujours soucieux d'inscrire dans la pierre de l'histoire la grandeur du règne de Louis XIV, Colbert suivit de près l'achèvement du Val-de-Grâce, des Invalides et du Collège des Quatre-Nations (l'Institut). C'est aussi à son initiative que furent édifiées les portes Saint-Martin et Saint-Denis auxquelles le roi, dit-on, accorda peu d'importance.

La vie ne laisserait pas le temps à ce fonctionnaire dévoué de réaliser une autre porte plus magnifique encore, l'arc de triomphe du Faubourg Saint-Antoine. Surmonté d'une statue équestre du roi, il devait rendre hommage à ses conquêtes des Flandres et de la Franche-Comté.

Colbert ne pourrait, de même, mener à bien un projet de fontaine monumentale pour la cour du Louvre alors que Le Brun l'avait dessinée et que Girardon chauffait déjà sa cire. On aurait dû voir, sorti des eaux turbulentes, Louis XIV fouler la Discorde et l'Hérésie des pieds de son cheval.

*

Dans *De la situation faite au parti intellectuel dans le monde moderne devant les accidents de la gloire temporelle*, Charles Péguy écrit qu'« il est heureux pour le monde moderne, qui d'ailleurs s'en sert très libéralement, avec une aisance non affectée, il est heureux pour lui, et pour nous qui le regardons s'en servir, que les autres mondes ses pères soient venus avant lui, et que ces foutues bêtes de mondes... lui aient faites et laissées Notre-Dame et la Sainte-Chapelle, lui aient fait les Invalides et l'Arc de Triomphe, lui aient fait le Panthéon même, et ce monument unique au monde : Paris ».

*

Il ne faut pas confondre l'île aux Cygnes avec l'île des Cygnes. La première est une digue artificielle construite en 1825 pour abriter le port de Grenelle, la seconde n'existe plus. Elle correspond à l'emplacement délimité par la Seine, les rues de l'Université et Jean-Nicot, et la Tour Eiffel. Partiellement acquise par la Ville en 1773 pour agrandir le Champs-de-Mars, elle fut définitivement rattachée à la Rive gauche sous l'Empire, quand fut comblé le bras du fleuve qui la séparait du continent. L'île était elle-même le fruit de la réunion de trois îlots : des Treilles, aux Vaches et de Longchamp, et dépendit longtemps de la seigneurie Monsieur-Saint-Germain. Au début du XVIe siècle, on l'appelait l'île Maquerelle, du fait, peut-être, qu'on s'y battait en duel, le mot semblant dériver de « male » (mauvaise) querelle. Le reste du temps, ses champs servaient à nourrir le bétail, et, après la Saint-Berthélémy, elle devint un cimetière. On l'appela ensuite l'île des Cygnes car Louis XIV ordonna, en 1676, qu'on y implante une réserve pour ces gracieux volatiles. Après avoir fait chanter des oiseaux rares dans la Grotte de Thétis, à Versailles – folie extravagante où, sous des voûtes de coquillages éclairées à la lueur des chandeliers, une « musique champêtre » émise par un orgue hydraulique dissimulé dans le décor permettait de se croire « au milieu d'un bocage où mille oiseaux se répondaient », selon Mlle de Scudéry – le roi voulut que les cygnes prennent l'habitude d'hiverner à Paris afin d'« embellir la rivière de Seine ». Il demanda aussi qu'il y fût construit une belle maison pour le gardien.

Plus tard, loin de ces rêveries maniéristes, l'île accueillit la puante activité des préparateurs d'intestins. Ils les y lavaient et les y cuisaient avant de les livrer aux tripiers de la capitale. Ils produisaient aussi l'huile de tripes dont se nourrissaient les lanternes et les réverbères de Paris.

*

Il est difficile de savoir le nombre exact de folies qu'il fallut détruire pour édifier le quartier de la Nouvelle-Athènes ; le nombre d'hôtels et leurs jardins qu'il fallut raser pour tracer le boulevard Raspail ; le nombre de cloîtres qu'il fallut démolir pour dérouler le boulevard Saint-Germain.

*

À lire en fredonnant

Le temps d'apprendre à vivre il est déjà trop tard
Que pleurent dans la nuit nos cœurs à l'unisson
Ce qu'il faut de regrets pour payer un frisson
Ce qu'il faut de malheur pour la moindre chanson
Ce qu'il faut de sanglots pour un air de guitare
Il n'y a pas d'amour heureux*

*

Le Jardin des Plantes alimente des considérations contrastées. Il a conservé un je-ne-sais-quoi de lointain par rapport au reste de la ville – une mise au ban révélée par un environnement, côté Seine, des plus hostiles – et ses grandes allées, de part et d'autre des plantations centrales, dégagent une certaine désolation. Sont-elles trop larges ou trop longues ? Est-ce à cause de leurs proportions ou de l'absence d'animation pour le regard que l'on ressent une certaine monotonie en les arpentant ? Ce n'est en revanche nullement le cas si

* *Il n'y a pas d'amour heureux*, poème de Louis Aragon mis en musique par Georges Brassens, 1953.

l'on choisit de déambuler au milieu, entre les essences rares cultivées en carrés. Et l'atmosphère est encore tout autre côté jardin anglais. Derrière les grandes serres chaudes, le terrain est vallonné, résultat de plusieurs siècles d'accumulation de détritus et de terres de remblais. Le XVIIIe eut l'idée de conserver cette curieuse morphologie topographique pour en faire une promenade d'agrément quasi féerique. Un labyrinthe mène jusqu'à un belvédère en terrasse, des chemins serpentent à l'ombre d'arbres plantés par Buffon et un amphithéâtre aussi élégant qu'une gentilhommière néoclassique démontrent que le temps peut être suspendu. Çà et là, autour des pelouses, de petits hôtels abritent différents services administratifs. Sur la façade de l'ancienne maison de Cuvier, on apprend qu'ICI, EN 1839, EDMOND BECQUEREL A DÉCOUVERT L'EFFET PHOTOVOLTAÏQUE, et que HENRI BECQUEREL, le 1er mars 1896, Y A DÉCOUVERT LA RADIOACTIVITÉ. La plus grande de ces constructions loge, outre des bureaux, le musée du Jardin des Plantes. Trois salons déserts et poussiéreux dans lesquels le visiteur a la garantie d'être absolument seul au monde pour admirer une maquette, quelques documents et autant de copies de tableaux.

Cette respiration ne serait pas aussi profonde sans la ménagerie. Elle est à quelques mètres de là et chacun de ses enclos possède un abri dans le style de son époque d'édification, du XIXe à l'Art déco, le répertoire est ici autant zoologique qu'architectural. Poétique, aussi, avec la grande volière de 1888 qui fait entrer l'homme dans la cage à oiseaux pour les observer, non l'inverse. Elle est unique au monde.

C'est en voisine que ma grand-mère nous promenait dans ces allées, toujours fascinée par les plantes et les animaux qu'elle appelait par le nom de leur espèce. Ces après-midi étaient pour moi, enfant, fastidieux et interminables ; ce n'est que longtemps après que je compris qu'elle m'apprenait alors à savoir contempler et admirer la Création.

*

Le 11 février 1875, Alexandre Dumas fils était reçu à l'Académie française. Parmi les personnalités présentes à la cérémonie se trouvait Émile Zola. « Moi, la tête bourdonnante des trois heures de discours que je venais d'endurer, les reins brisés par le voisinage d'une grosse dame qui s'était tout le temps à demi couchée sur moi, je me suis mis à marcher doucement le long des quais. Je ne connais pas de promenade plus délicieuse. Les quais sont larges, pleins d'air, avec de grands trottoirs vides, sur lesquels on est certain, dans la semaine, de n'être pas coudoyé. En haut, on a du ciel, d'un bout à l'autre de l'horizon. En bas, la Seine coule, toute verte ; et elle est vivante de la vie des rivières, avec ses bateaux de blanchisseuses amarrés à la berge, ses péniches qui remontent le courant traînées par des remorqueurs, ses trains de bois flottants qui descendent au fil de l'eau, tandis que des hommes debout, à l'aide de longues perches, les dirigent. C'est le quartier de Paris le plus solitaire et le plus vivant, le plus vaste et le plus intime. »

*

Je dois confesser ici que je suis un obsédé.

Obsédé par l'histoire, et, être né et avoir vécu toute ma vie à Paris n'arrange rien. Elle est là partout et sous nos yeux, nous vivons dedans. L'heure qu'affiche mon réveil *digital*, par exemple, n'est pour moi pas le temps qui passe mais celui qui a passé. Je peux ainsi me dire, après une sieste : j'ai dormi de l'assassinat d'Henri IV à la naissance de Louis XV ; ou encore, j'ai rendez-vous pour déjeuner à la bataille de Bouvines ; ou, mon train part à la révolution bolchévique. Je ne vois que des dates, malgré le clignotement perpétuel des deux petits points entre les heures et les minutes. Il m'est impossible de faire quoi que ce soit à la découverte de l'Amérique ou au premier pas de l'homme sur la Lune mais connaître le coup d'État de Louis-Napoléon Bonaparte m'est très utile pour convertir 1 mile en kilomètres.

Paul Valéry estimait que l'histoire est « le produit le plus dangereux que la chimie de l'intellect ait élaboré », mais écrivait aussi, dans ses *Cahiers* : « À quoi peut servir l'histoire ? Seulement – et c'est beaucoup – à multiplier les idées – et non à empêcher de voir le présent original – indéductible. » Pour James Joyce, l'histoire est « un cauchemar dont j'essaie de me réveiller. » Quoi qu'il en soit, ce n'est peut-être pas pour rien si la Mémoire, *Mnêmosunê*, est la mère de toutes les Muses ; et encore moins un hasard si la grande maladie de notre temps est l'amnésie.

*

– Je vais devoir t'upgrader en 360, me dit le webmaster.

– Ça veut dire quoi ?, demandais-je.

– Augmenter ta mémoire.

*

Lu dans *Pays parisiens*, de Daniel Halévy : « Je ne sais quel camarade me dit un jour : "Méreaux, c'est un vrai, c'est un homme de 93." Cette appellation m'étonna, 93 ne pouvant signifier pour moi que 1793, ce qui était vraiment un peu loin pour honorer l'un des nôtres. Or il s'agissait de 1893. Cette date me surprit d'abord. Le peuple révolutionnaire est si séparé de nous, qu'il a son histoire et ses événements qu'il nous faut apprendre de lui, comme de nous il apprend les nôtres. Et puis il a peu de mémoire ; hors les crises du présent et les espérances de l'avenir, il ne sait à peu près rien : 1793 est déjà pour lui enterré dans les livres. 1893, au contraire, il fallut qu'on me l'enseignât, avait été une grande année. Alors – je m'en souvins – il y avait eu des attentats anarchistes, des bombes jetées dans Paris, et les nuits des bourgeois avaient été troublées. »

*

À lire en fredonnant

Il y a des souvenirs,
Certains petits souvenirs
Qui m'empêchent de jamais, jamais, jamais, jamais revenir
Trop de choses m'ont blessé
Dont l'souvenir va s'effacer
Je préfère n'y jamais, jamais, jamais, jamais repenser*

*

* *Le Pot-pourri d'Alain Gerbault*, chanson d'Albert Willemetz créée par Yvonne Printemps, 1923.

En 1951, Henri Calet notait : « Oui, j'aime les vastes et longues avenues qui partent de l'Arc de Triomphe, ou qui y aboutissent ; j'aime leurs noms. Il souffle continûment par là une brise de gloire et d'éternité qui ne vient pas dans nos rues où l'on prend, petit à petit, l'habitude de regarder le gros bout de la lorgnette. C'est ce qui nous fait le plus défaut : une certaine ampleur de vue, une certaine élévation de caractère et aussi un certain sens historique. On dirait que nous ne pouvons nous retenir de ramener les événements et leurs causes à notre taille et à notre entendement ; nous sommes de petites gens, en vérité. »

*

Et je pense à l'effroi de ma pauvre existence
À la fuite éperdue qui me ramène à moi,
À ce goût du voyage dont je reviens plus pauvre,
À cette soif des hommes dont je reviens gelé...
Pardonnez-moi mes frères, de vous avoir cherchés
Avec un cœur sans foi, avec les mains gercées...
J'ai crié avec vous, j'ai pleuré avec vous,
Que ne puis-je arriver à croire en votre vie* ?

*

Marthe Lucie Lahovary, princesse Bibesco est l'une des femmes les plus séduisantes du XXe siècle ; elle en est aussi l'un des écrivains les plus sensibles. Dans *Catherine-Paris*,

* Benjamin Fondane, *Le Mal des fantômes*.

roman autobiographique publié en 1927, elle mène le lecteur à travers l'Europe avant, pendant et après la Première Guerre mondiale. Une course folle vers l'abîme dans laquelle on suit Catherine (Marthe) des châteaux de famille roumains aux salons viennois en passant par les palais de Venise et les quais de la Seine. Mais il y a, dans ce livre, un autre personnage principal : Paris. Sa vie, ses rues, ses hôtels et ceux qui y habitent, les flots qui s'étirent sous les fenêtres de l'appartement de Catherine, à la proue de l'île Saint-Louis, l'immeuble du 45, quai de Bourbon, tourné vers l'ouest, là où le fleuve s'élargit, là où les amoureux se retrouvent, là où le soleil se couche. Elle habite au deuxième étage, voit tout, entend tout, reçoit tout le monde. Elle parle peu d'elle-même et beaucoup de son appartement. Ces pages forment une longue et complexe démonstration d'amour.

L'un des habitués de son fameux salon d'angle sera, durant des décennies, l'abbé Mugnier ; un intime véritable, un fidèle attentif, un homme de foi sans vocation qui préférera toujours la compagnie des mécréants à celle des hypocrites, celle du Tout-Paris à celle des hommes d'Église ; sa véritable religion étant la littérature. Marthe est très présente dans son *Journal* : « 28 janvier [1912]. Dîné, hier, chez la princesse Bibesco. Après le repas, elle s'est assise, dans la lumière, au-dessous de son portrait – de ce portrait où elle appuie sa tête charmante, avec des œillets roses près d'elle – et elle m'a lu Joachim du Bellay, des vers de Villon. Et comme Marthe disait tout cela d'une voix fine, précise et distinguée ! Et comme je lui faisais remarquer que ces poètes du XVIe siècle insistaient, à la façon d'Horace, sur la brièveté de la vie, elle me répondit : "Fallait-il que ce fût bon pour vouloir n'en rien perdre ! C'est le 'dépêchons-nous'." Oui, telle la vie apparaissait à la Renaissance, après les cathédrales et pierres tombales du Moyen Âge. »

Quelques jours plus tard, le 1er févier : « Dîné, hier, chez la princesse Bibesco. Tout le monde parti, je suis resté seul et très tard chez la princesse qui m'a parlé d'Anna de Noailles [sa cousine] et de sa façon de se moquer des gens. Puis elle a abordé la question de l'abjuration. Barrès disait à Mme de Noailles : "Si vous vous lanciez dans le comique, vous auriez le génie de Cervantès." »

Mais l'abbé Mugnier n'était pas qu'un dîneur mondain, c'était un témoin de son temps, voire plus encore. Ainsi, une page de son *Journal* peut balayer l'économie du moment, la politique, l'art et la littérature, mille ans d'histoire. Le 19 février 1923 : « Été, hier après le salut, chez le Marquis et la Marquise de Polignac, avec la princesse Bibesco. Anna de Noailles n'a pas tardé à venir et il a été question de la Ruhr, mauvaise opération, de son désir de voir Briand revenir au pouvoir. Forain est venu, lui aussi. Nous avons été dans la chambre de la marquise de Polignac et la conversation y a été plus agréable. Mme de Noailles répugne à admirer pleinement Mallarmé. Elle trouve le "Fuir là-bas" dans Baudelaire. La pièce qui commence par "la dentelle s'abolit" ne serait-elle pas inconvenante ? Forain nous a raconté qu'il avait connu Rimbaud qui était blond, avec des yeux bleus, un jeune homme dégingandé, un garçon extraordinaire de 18 ans. Vers 1872, Forain habitait rue Campagne-Première avec Rimbaud ; ils y couchaient dans des lits hasardeux. Forain avait pris la paillasse, et Rimbaud le matelas. C'est alors que

Forain allait dessiner au Musée du Louvre et que Rimbaud travaillait dans une bibliothèque. Puis on se rendait dans un café chaud. Vous ne savez pas, disait Forain, ce qu'est un café chaud. On buvait des bitters. Verlaine se lia avec Rimbaud, mais le point de départ de ce qu'on leur reprocha fut une attitude, dit Forain, qui ne croit pas que les relations prirent tout de suite un tour fâcheux. Il y eut des saouleries, des beuveries… Qu'arriva-t-il ensuite ? Tout est possible, ajoute Forain. Verlaine ne pouvait plus se passer de Rimbaud et il tira dessus parce que l'autre voulait s'en aller. La saoulerie, selon la remarque de Forain, n'est pas la volupté. "Le cochon est sobre." Forain racontait encore les dîners, à Batignolles, chez Nina de Callias, où l'on vit apparaître une comtesse sourde, la comtesse Ratazzi. Forain sortait de ces dîners avec Villiers de l'Isle-Adam et Chatillon qui avait connu Victor Hugo. À 4 heures du matin, Villiers de l'Isle-Adam et Chatillon parlaient du siège de Jérusalem où ils avaient eu des ancêtres. On cherchait un hôtel pour y coucher. Forain était en redingote. Et il avoue qu'il a mené une vie de bâton de chaise, et cela tant qu'il a pu. On dînait aussi, avenue Henri-Martin, chez la comtesse Ratazzi et Manet y craignait que le vestiaire ne fût pas sûr. Forain a cité ce mot de Mme de Noailles sur Rodin : "On ne pouvait pas s'asseoir sans trouver ses mains". »

Aucune plaque, au 45, quai de Bourbon, n'est apposée pour rappeler au passant qu'« Ici vécut la princesse Bibesco (1886-1973), femme de lettres et du monde, amoureuse éternelle de Paris ».

*

Dans sa préface au livre de Georges Cain, *Coins de Paris*, Victorien Sardou déplore les métamorphoses de la ville de son enfance, la disparition de sa capitale, de ses jardins : « Pour se faire pardonner ses rues étroites, mal pavées, mal éclairées, mal entretenues, Paris avait alors un attrait en voie d'extinction : ses jardins. On se le figure comme un fouillis de vieilles maisons, privées de jour, d'air insalubre et de verdure. En réalité, les maisons vieilles ou neuves n'existaient qu'en bordure sur la rue. Derrières elles, dans tout l'espace compris d'une rue à l'autre, de vastes enclos leur assuraient le soleil, le silence et la verdure, dont elles étaient privées sur leurs façades. Nombre d'habitations s'étaient taillées, dans le morcellement des anciens hôtels et des communautés religieuses des derniers siècles, de grandes cours et de jardins particuliers qui, séparés de basses clôtures se prêtaient mutuellement leurs ombrages. [...] De ma fenêtre, rue d'Enfer, place de l'Estrapade, impasse des Feuillantines, je ne voyais autour de moi, à perte de vue, que profusion de feuillages. Rue Neuve-Saint-Etienne, de l'habitation de Bernardin de Saint-Pierre, j'apercevais, au-delà de grandes allées d'arbres taillés, les tours de Notre-Dame, et je pouvais me dire, comme le bon Rollin, dans le distique gravé sur sa porte, à quelques pas de là : *Ruri et urbis incola* "Habitant de la ville et de la campagne". C'est au travers de ces jardins, de ces rues silencieuses, si propices au travail, parfumées par le lilas, fleuries par les marronniers blancs et roses, que l'on a tracé les grandes voies nouvelles : les boulevards Saint-Germain et Saint-Michel, les rues de Rennes, Gay-Lussac, la rue Monge qui a rasé le pavillon champêtre où est mort Pascal, dans cette même rue Saint-Étienne ; et la rue Claude-Bernard qui a supprimé les Feuillantines, où Victor Hugo faisait la chasse aux papillons. »

*

Dans son *Journal d'un étranger à Paris*, Malaparte raconte qu'il voyait, lorsqu'il était allongé dans sa chambre au dernier étage de l'hôtel Loti, le Napoléon de la colonne Vendôme dépasser du bac à fleurs de la fenêtre. Dès lors, il appela l'Empereur « le jardinier ».

*

Orner cette ville de monuments remarquables occupa de nombreux esprits au fil des siècles mais toutes les idées fourmillantes sous le crâne des Parisiens ne furent pas réalisées. Ainsi, en 1758, l'architecte Charles Ribart de Chamoust présenta au roi un projet très abouti pour trôner place de l'Étoile : un immense éléphant. Le mémoire qui accompagne ses plans nous montre que son pachyderme était bien plus ambitieux que celui qui ne sera pas construit – non plus – place de la Bastille. « J'ai composé ce kiosque à la gloire du Roi, pour être placé sur une montagne, en face de l'un de ses palais, et y terminer agréablement la vue. [...] La forme extérieure de ce kiosque représente un éléphant au retour d'une conquête, richement harnaché, chargé de dépouilles de nos ennemis, et portant sur une espèce de tour antique ou piédestal, la figure de Sa Majesté. [...] Ces escaliers conduisent, au travers d'un rocher brut, dans le corps du colosse, distribué par nombre de pièces aussi régulières, aussi commodes et aussi bien éclairées que si elles appartenaient à un édifice ordinaire. [...] Sur le devant, entre les épaules, est une salle très spacieuse, avec trois cabinets, dont celui du milieu, qui est dans la tête et qui fait amphithéâtre, a pour objet un trône superbe et fort élevé. Cet endroit convient pour l'administration de la justice, pour tenir des assemblées, et pour donner des concerts, des bals et d'autres fêtes. Plus haut, dans les côtés, sont des logements complets destinés au repos. Dans la croupe est une salle à manger ornée par des sculptures et des peintures mariées ensemble, de façon qu'elle ressemble au rendez-vous sauvage d'une forêt. Un ruisseau y sort avec impétuosité du fond d'une roche, et, après avoir formé plusieurs détours, l'eau, qui paraît fuir dans un lointain, se distribue pour les offices et les bains, d'où elle échappe par la trompe de l'animal, comme par une espèce de siphon, pour alimenter la fontaine extérieure. [...] Comme les oreilles de l'éléphant répondent positivement sur l'orchestre dans la salle de bal, j'y ai ménagé des ouvertures afin d'y placer des cornets ou porte-voix qui porteraient dans l'occasion au loin dans la campagne le son des instruments. »

Les planches de Ribart de Chamoust étaient superbes, le goût de l'exotique était à la mode, une vingtaine d'années auparavant *Les Indes galantes*, de Rameau, avaient rencontré un succès considérable ; cependant, Louis XV ne donna aucune suite au projet.

*

Le commissaire de la Mare constate, dans son *Traité de la Police*, publié au début du XVIIIe siècle, que « ceux d'entre nous qui ont vu le commencement du règne de Sa Majesté, se souviennent encore que les rues de Paris étaient si remplies de fanges, que la nécessité avait introduit l'usage de ne sortir qu'en bottes ; et quant à l'infection que cela causait dans l'air, le sieur Courtois, médecin, qui demeurait rue des Marmouzets, a fait cette petite expérience par laquelle on jugera du reste. Il avait dans sa salle, sur la rue, de gros chenets à pomme de cuivre, et il a dit plusieurs fois aux magistrats et à ses amis que tous les matins il les trouvait couverts d'une teinture de vert-de-gris assez épaisse qu'il faisait nettoyer pour faire l'expérience le jour suivant, et que depuis l'année 1663 que la police du nettoiement des rues a été établie, ces taches n'avaient plus paru. Il en tirait cette conséquence que l'air corrompu que nous respirons faisait d'autant plus d'impressions malignes sur les poumons et sur les autres viscères que ces parties sont incomparablement plus délicates que le cuivre, et que c'était la cause immédiate de plusieurs maladies ».

*

L'eau du robinet de Paris est l'une des meilleures au monde, malgré quelques différences selon les quartiers. Contrôlés comme le sont les centrales nucléaires, les réservoirs d'eau sont aussi des lieux de traitement. L'adjonction de Javel, dans des proportions savamment dosées, offrirait aux Parisiens buvant uniquement de cette eau et depuis toujours, comme moi, la particularité d'avoir des intestins tout blanc (hâte de voir ça).

J'ignore comment s'élabore l'eau de Javel – et n'ai pas la curiosité de l'apprendre – mais il me plaît de savoir que la première fabrique, bâtie sur le quai de Seine qui lui a donné son nom, fut financée en 1788 par le comte d'Artois, frère de Louis XVI et futur Charles X.

*

Le Joli Mai, documentaire de Chris Marker écrit avec Catherine Varlin et réalisé avec Pierre Lhomme, en 1962, commence par une succession de vues de Paris tournées au petit matin. En voix off, Yves Montand : « Est-ce la plus belle ville du monde ? On voudrait la découvrir à l'aube, sans la connaître, sans la doubler d'habitudes et de souvenirs, on voudrait la deviner par les seuls moyens des détectives de roman : la longue-vue et le microphone. Paris est cette ville où l'on voudrait arriver sans mémoire. Où l'on aimerait revenir après un très long temps pour savoir si les serrures s'ouvrent toujours aux mêmes clefs. S'il y a toujours ici le même dosage entre la lumière et la brume, entre l'aridité et la tendresse ; s'il y a toujours une chouette qui chante au crépuscule, un chat qui vit dans une île ; et si l'on nomme encore par leur nom d'allégorie le Val-de-Grâce, la Porte-Dorée, le Point-du-Jour. »

Le film se termine par une succession de vues tournées en fin de journée, puis de nuit, avec, toujours en voix off, Yves Montand : « Tel fut ce mois de mai. Le soleil avait brillé 185 heures, soit 40 heures de moins que la normale ; la température moyenne avait été de 12,5 degrés ; l'arrivage des légumes de 50 000 tonnes ; celui des fruits de 36 000 tonnes ; on avait consommé 12 500 tonnes de pommes de terre ; 21 000 de viande ; 8 000 de poisson ; 4 000 de beurre ; 5 000 de fromage et 91 800 hectolitres de vin. Le nombre de litres de lait bus par les Parisiens était de 37 millions et celui des passages dans le métro de 999,003 millions ; on avait brûlé 55 000 m^3 d'essence ; la Caisse d'Épargne avait fait épargner pour 8 milliards 476 millions et 813 mille anciens francs ; il était tombé 43 mm de pluie et 600 tonnes de poussière ; Citroën avait sorti 26 044 voitures, Simca 25 886, Renault 42 389 et Panhard 2 788. On avait applaudi 3 762 naissances, déploré 2 036 décès, assisté à 1 055 mariages. On avait allumé pour 26 300 kWh d'électricité ; on avait fumé 900 tonnes de tabac – 300 tonnes de Gauloises ordinaires et 265 tonnes de Gitanes – ; on dénombrait 2 morts par grippe, 215 par lésion cérébrale, 15 par alcoolisme, 14 suicides – 10 hommes et 4 femmes –, 132 morts par accident, 54 de tuberculose, 1 588 cancers… etc. »

*

« Le Paris nouveau, écrit Louis Veuillot en 1867, n'aura jamais d'histoire, et il perdra l'histoire de l'ancien Paris. Toute trace en est effacée déjà pour les hommes de trente ans. Les vieux monuments même qui restent debout ne disent plus rien, parce que tout a changé autour d'eux. Notre-Dame et la Tour Saint-Jacques ne sont pas plus à leur place que l'Obélisque, et semblent aussi bien avoir été apportées d'ailleurs comme de vaines curiosités. […] Dans le Paris nouveau il n'y aura plus de demeure, plus de tombeau, plus même de cimetière. Toute maison ne sera qu'une case de cette formidable auberge où tout le monde a passé et où personne n'a souvenir d'avoir vu personne. »

*

Sans n'être qu'un regard triste, est-il possible de regretter jusqu'à la disparition du petit bouquet de cresson qui, au bistrot, accompagnait le steak-frite ?

*

À lire en fredonnant

Attends-moi sous l'obélisque
Attends-moi, attends-moi, attends-moi
Attends-moi, qu'est-ce que tu risques ?
Attends-moi, attends-moi, attends-moi
Si je n'y suis pas ne t'en fais pas,
Fais le tour de la place à petits pas
Prends un bol d'air en m'attendant, sois patient

Tourne autour de l'obélisque
Tout autour, tout autour, tout autour
Tourne, tourne comme un disque
Tout autour, tout autour, tout autour
Quand t'auras tourné cent vingt-trois fois
Recommence en partant du pied droit
Ne perds pas ton sang froid, attends-moi*

---

* *Attends-moi sous l'obélisque*, chanson de Francis Llenas, Guy Lafargue et Maurice Vendair, créée par Georges Milton, 1944.

Épilogue

C'est un fait, l'homme nouveau ne semble pas exister puisqu'à ses yeux l'autre n'existe pas. Selon le *Larousse*, un écran est « tout ce qui arrête le regard, qui dissimule, empêche de voir » ; et nos vies, désormais, ne peuvent exister sans écrans. À nous de nous accommoder de cette contradiction, une de plus. Ne plus savoir que l'autre existe facilite la cécité confortable, l'ignorance volontaire, l'acculture de bonne foi, l'héritage de l'amnésie. Mais de cela, comment s'accommoder ?

L'homme nouveau est tellement replié sur sa personne qu'il semble ignorer jusqu'à sa propre existence. J'en veux pour preuve ces « Récapitulatifs » envoyés par Google pour lui rappeler ce qu'il a fait de sa vie, puisqu'il ne la voit pas lui-même. *Thank's Google !*

Sans lui avoir jamais rien demandé, Google m'envoie, chaque mois, la liste de tous mes déplacements sur mon téléphone. C'est une troublante façon de découvrir *La vie dont je suis le héros* ou de lire le *Journal* que je ne tiens pas. Cette consultation me permet d'apprendre tout ce que je sais déjà de moi, jour après jour : à quelle heure je suis sorti et où je suis allé, ainsi que l'heure à laquelle j'y suis arrivé, la durée de mon trajet d'un point à un autre et par quel moyen je me suis déplacé. On ne me dit pas encore qui j'ai vu et quelles furent mes conversations mais l'on cite les noms des boutiques, des restaurants et des hôtels que j'ai fréquentés, les villes, les marchés et les jardins où j'ai pu me rendre sont accompagnés de leurs photos ; et s'y accole à chaque fois cette question à laquelle je ne réponds pas : « Avez-vous aimé ? » L'intérêt de cette intrusion dans mes faits et gestes s'obscurcit davantage encore face à cette case qu'on me demande d'ouvrir : « Consultez les lieux que vous fréquentez le plus souvent et tous ceux dans lesquels vous vous êtes rendu. » Je ne l'ouvre pas. Pour quoi faire, puisque j'y vais « souvent », à quoi bon les « consulter » ?

Début janvier, j'ai reçu ceci : « Jonathan, voici le récapitulatif de vos trajets effectués en 2020 » (être appelé par mon prénom est une convivialité automatisée dont je me passerai mais j'apprécie le voussoiement). La compile de mes récap' est une suite de statistiques passionnantes. Grâce à elle, je sais que, l'année dernière, je n'ai pas quitté la France, que je suis allé dans « 26 villes (dont 9 nouvelles) », ainsi que dans « 282 lieux (dont 163 nouveaux) ». Mes « Tendances de Visites pour 2020 » sont : Achats : 60 heures (53 lieux) ; Restaurants et Bars : 225 heures (89 lieux) ; mes « Tendances de Trajets pour 2020 » sont : À pied : 624 km (128 heures) ; En voiture : 1 876 km (102 heures) ; En transports en commun : 4 653 km (85 heures) ; et, sous chacun de ces chiffres, un graphique me montre les « pics » sur douze mois. Toujours selon Google, j'ai réussi – en tournant en rond – à parcourir « 18 % de la circonférence de la Terre ». Sauf erreur de ma part, l'addition de ces chiffres donne un total de 600 heures. Nous sommes bien loin des 8 760 heures annuelles. Google, qu'ai-je donc fait du reste de mon temps ?

Il y a là une perception de l'activité humaine qui me dépasse et me déplaît. Et c'est cette perception qui façonne désormais l'humain et ses activités. Malgré leurs différences de natures, il y a une incroyable cohérence entre tous les maux qui nous frappent, tous les changements de ce monde et les évolutions de nos sociétés. Tout se tient. Tout est remarquablement lisible.

La marche du temps qui marque la fin de l'individu marque aussi, irrémédiablement, la fin de la ville. Celle que l'on a connue du moins, et celle que j'ai aimée. Pour la rendre habitable, vivable dans un monde à venir promis aux canicules exceptionnelles, aux incendies monstres, aux cyclones dévastateurs, aux inondations récurrentes et à la surpopulation qu'il sera difficile de nourrir, il faudra la « végétaliser » au détriment de sa minéralité, la bâtir avec des matériaux « durables », c'est-à-dire périssables, et « optimiser » le moindre espace pour la rendre rentable, comme si un espace vide était inutile. Nous devrons abandonner les places d'arme, les avenues, les larges perspectives et les façades de pierre pour imposer des « éco-constructions » dans des « éco-parcs » qui, suivant une dynamique de « biodiversité-développement », permettront de remédier à l'intolérable imperméabilisation des sols urbains. Depuis Philippe Auguste, le pavage des rues était considéré comme un progrès.

La ville nouvelle ne se transmettra pas, son histoire ne sera pas un héritage puisqu'elle n'en aura pas. Elle ne durera pas, car elle ne sera pas faite pour ça. Et la municipalité prépare progressivement les esprits parisiens à ces changements en annonçant, parmi d'autres initiatives, sa volonté de modifier l'esthétique de Paris. Selon le premier adjoint du maire, « nous ressentons un besoin de réfléchir sur le sujet du design urbain » car il s'agit pour la capitale de « se doter d'une nouvelle doctrine d'aménagement de l'espace public » qui sera consignée dans un *Manifeste pour une nouvelle esthétique parisienne*. Un article citant ce monsieur dans *Les Echos* (26 novembre 2020) nous apprend que ce *Manifeste* sera rédigé après une grande consultation auprès des habitants, à qui l'on demandera « ce qui va, ce qui ne va pas, ce qui doit être gardé, ce qui n'est pas assez fidèle, etc. ». Les élèves des classes primaires seront aussi consultés. L'adjoint annonce également qu'il n'y aura pas de concours pour réaliser ce qui en sortira car la mairie veut privilégier « des rencontres et un travail informel » avec des « designers et des architectes sur des objets totémiques de l'espace public ». Sur ce point, les élèves des classes primaires ont sûrement un avis pertinent à exprimer et je compte sur eux pour m'expliquer le sens de l'élaboration d'« un référentiel d'actions interne ». Je ne doute nullement, par ailleurs, que les élèves des classes primaires ne feront aucune faute d'orthographe lorsque, pour la dictée, on leur lira quelques phrases de cette « doctrine » municipale : « La mairie veut faire du design l'un des éléments de critères dans les appels d'offres pour les marchés publics [...] avec des indications très contraignantes, comme des lignes de grammaires esthétiques ou un référentiel de couleurs imposées ». Pour rassurer les sceptiques, l'adjoint ajoute : « Nous essayerons d'aller le plus loin possible. » Comment ce discours a-t-il été accueilli par les Parisiens ? Par l'indifférence générale.

Les rois de France n'étaient pas propriétaires des joyaux de la couronne. Ils en étaient les dépositaires temporaires avant de les léguer, à leur mort, à leurs successeurs qui feraient de même. S'ils avaient le privilège de les porter, ils avaient la responsabilité de les protéger pour les transmettre. L'absence totale d'humilité de nos rois et reines d'aujourd'hui mène à la négation de notre passé, à sa dissolution. Qui est ce Monsieur l'adjoint face à l'histoire de Paris, qui est cette Madame le maire face à l'histoire des siècles ? Rien.

L'appartement de famille est « repensé » pour devenir plus fonctionnel, et le programme d'Alphonse Allais de *construire les villes à la campagne car l'air y est plus pur* se réalise, ou presque, puisque la nécessité – à l'échelle mondiale – est désormais d'introduire la campagne dans la ville. Je le conçois malgré moi – il y a des réalités à reconnaître – et me résigne à ne pouvoir jamais réaliser mon rêve de couler du goudron, ne serait-ce qu'une fois, pour voir ce que ça fait. J'ai toujours assimilé son onctuosité fumante à celle de l'appareil d'un gâteau au chocolat que l'on verse dans un moule avant de l'enfourner ; ici, un moule géant ayant pour rebords les trottoirs d'une rue.

Daniel Halévy dit vrai : « La France, c'est des maisons par cent mille, et partout où il y a un clocher, un hameau, un chaume, la margelle d'un puits, le bassin d'une source, un orme qui l'ombrage, il y a une capitale française. »

Paris n'aura peut-être été qu'une illusion.

Bibliographie sélective
Par ordre d'apparition

Avant-propos

Émile de Labédollière, *Le Nouveau Paris*, Paris, Gustave Barba, 1860.

Introduction

Émile Henriot, préface de *Louis XIII*, Paris, Éd. de la Librairie Plon, 1937.

Voir détruire

Louis Lazare, *Chabrol préfet de la Seine*, dans Charles Simond, *La Vie parisienne à travers le* XIX*e siècle*, Paris, Plon-Nourrit, 1900-1901.

Hélène Lewandowski, *Le palais d'Orsay*, Paris, Passés Composés, 2020.

Le Journal des débats, mars 1838.

Louis Veuillot, *Les Odeurs de Paris*, Palmé, Éd. des Bollandistes, 1867.

Gaston Bachelard, *La psychanalyse du feu*, Paris, Gallimard, 1985.

Léon DAUDET, *Paris vécu*, Paris, Gallimard, 1929.

Alfred FIERRO, *Histoire et dictionnaire de Paris*, Paris, Robert Laffont, 1996.

Régis BOYER, *Les Vikings : histoires, mythes, dictionnaire*, Paris, Robert Laffont, 2008.

Lucien DESCAVES, *Souvenirs d'un ours*, Paris, Éd. de Paris, 1946.

Albert FOURNIER, *Chemins et parchemins de Paris*, Paris, Jeheber, 1952.

Paul-Louis JACOB, *Du vieux Paris*, Paris, Adolphe Delahays, 1858.

Guillaume GLORIEUX, *Watteau*, Paris, Citadelles&Mazenod, 2011.

Jacques-Antoine DULAURE, *Histoire civile, physique et morale de Paris*, Paris, Baudouin Frères, 1825.

M. DE SAINTFOIX, *Essais historiques sur Paris*, Paris, Chez Duchesne, Libraire, rue Saint-Jacques, au Temple du Goût, 1765.

Héloïse BOCHER, *Démolir la Bastille*, Paris, Vendémiaire, 2014.

Arthur DE BOISLISLE, *La place des Victoires et la place Vendôme*, Paris, Société de l'histoire de Paris, 1889.

François CARADEC et Jean-Robert MASSON (dir.), *Guide de Paris mystérieux*, Paris, Éd. Tchou Princesse, 1978.

Daniel HALÉVY, *Pays parisiens*, Paris, Grasset, 1932.

Alexandre PRIVAT d'Anglemont, *Paris Anecdote*, Paris, Grasset, 2017.

André GEORGE, *Paris*, Paris, Arthaud, 1950.

Jean HALLADE, *1914-1918 : De l'Aisne on bombardait Paris*, Paris, Saint-Quentin/Marcel Carrnoy, 1987.

Maurice DEMAISON, article publié dans le *Journal des Débats* le 19 septembre 1914 puis reproduit dans *Croquis de Paris*, Paris, Plon-Nourrit et Cie, 1917.

Fabien SABATÈS, *Jacopozzi – Le magicien de la lumière*, Paris, Éd. Douin, 2017.

Paul DE COUBERTIN, *Le Livre d'or des Victimes du bombardement de l'Église Saint-Gervais*, publié en 1919.

Sven HASSEL, *Liquidez Paris !*, Paris, Presses de la Cité, 1968.

Élisabeth DE GRAMONT, *La Treizième Heure. Mémoires, 4*, Paris, Grasset, 2020.

Yvan CHRIST, *Paris des utopies*, Paris, Nicolas Chaudun, 2011.

Henry JAMES, *Esquisses parisiennes*, Paris, La Différence, 1988.

Henri BACHELIN, *Collines et buttes parisiennes*, Paris, Firmin-Didot, 1944.

Voir mourir

Henri HEINE, *De la France*, Paris, Gallimard, 1994.

Philippe VIGIER, *Paris pendant la monarchie de juillet*, Paris, Hachette, 1991.

Andrée GOTTELAND, *Les Cadrans Solaires et Méridiennes disparues de Paris*, Paris, CNRS éditions, 2002.

Robert ANCHEL, *Crimes et châtiments au XVIIIe siècle*, Paris, Librairie Académique Perrin, 1933.

Arlette FARGE, *Vivre dans la rue à Paris au XVIIIe siècle*, Paris, Gallimard-Julliard, 1992.

G. LENÔTRE, *Les Massacres de Septembre*, Paris, Librairie Académique Perrin, 1947.

Jules MICHELET, *Histoire de la Révolution*, Paris, Gallimard, 2019.

Marcel SCHNEIDER, *Paris, lanterne magique*, Paris, Grasset, 1997.

Henri-Clément SANSON, *Journal de Charles-Henri Sanson- La Révolution française vue par son bourreau*, Paris, Le Cherche-Midi, 2007.

M. de Saintfoix, *Essais historiques sur Paris*, Chez Duchesne, Paris, Libraire, rue Saint-Jacques, au Temple du Goût, 1765.

Bruno Fuligni, *L'incendie du Bazar de la Charité*, Paris, Éd. de l'Archipel, 2019.

Ne plus voir

Terres de Paris, Paris, Pavillon de l'Arsenal, 2017.

Joris-Karl Huysmans, *Croquis Parisiens*, Paris, Stock éditeur, 1905.

Albert Fournier, *Chemins et parchemins de Paris*, Paris, Jeheber, 1952.

Émile Magne, *Images de Paris sous Louis XIV*, Paris, Calmann-Lévy, 1939.

Yves-Marie Bercé, *Esprits et démons*, Paris, La Librairie Vuibert, 2018.

Édouard Drumont, *Mon vieux Paris*, Paris, G. Charpentier éditeur, 1879.

Caroline van Eck, *François Lemée et la statue de Louis XIV – les origines des théories ethnologiques du fétichisme*, Paris, Éd. de la Maison des sciences de l'homme, 2013.

Bérénice Levet dans *Le Figaro*, 29 décembre 2020.

Maurice Rheims, *Les collectionneurs*, Paris, Éditions Ramsay, 2002.

M. Piganiol de la Force, *Description de la France*, Paris, Chez Florentin Delaunay, 1728.

G. Lenôtre, *Paris révolutionnaire*, Paris, Librairie Académique Perrin, 1895.

Georges Perec, *Espèces d'espaces*, Paris, Galilée, 1974.

Jacques Pessis, *Sacha Guitry – C'était la belle vie*, Paris, La librairie Vuibert, 2017.

Noëlle GIRET et Noël HERPE (dir.), *Sacha Guitry, une vie d'artiste*, Paris, Gallimard/La Cinémathèque française/Bibliothèque nationale de France, 2007.

Arlette FARGE, *Vivre dans la rue à Paris au XVIIIe siècle*, Paris, Gallimard-Julliard, 1992.

Nicolas KARAMZINE, *Voyages en France, 1789-1790*, Librairie Hachette et Cie, 1885.

Nicolas D'ESTIENNE D'ORVES, *Dictionnaire amoureux de Paris*, Paris, Plon, 2015.

André WARNOD, *Les Bals de Paris*, Paris, Les éditions G. Grès & Cie, 1922.

Edmond-Jean-François BARBIER, *Journal d'un bourgeois de Paris sous le règne de Louis XV*, Paris, 10/18, 1963.

Benjamin OLIVENNES, *L'autre art contemporain*, Paris, Grasset, 2021.

Élie FAURE, préface de la *Renaissance* dans *Histoire de l'Art*, 1923.

Pierre DAC, *Pensées éternelles*, Paris, Cherche-Midi, 2020.

Robert BOBER, *Par instants, la vie n'est pas sûre*, Paris, Éditions P.O.L, 2020.

André FERMIGIER, *Chroniques d'humeur*, Paris, Gallimard, 1991.

Robert BRASILLACH, *Notre avant guerre*, Paris, Plon, 1941.

Julien GRACQ, *Lettrines*, Paris, José Corti, 1967.

Ne plus savoir

François HARTOG, *Croire en l'histoire*, Paris, Flammarion, 2013.

MARIVAUX, *Lettres sur les habitants de Paris*, Paris, Séguier/Archimbaud, 2002.

Jules VALLÈS, *Le Tableau de Paris*, Paris, Berg International Éditeurs, 2007.

Léon DAUDET, *Paris vécu*, Paris, Gallimard, 1929.

Jean Giraudoux, *La Prière sur la Tour Eiffel*, Paris, Chez Émile-Paul Frères, 1923.

Docteurs Cabanès et L. Nass, *La névrose révolutionnaire*, Paris, Albin Michel Éditeur, 1931.

Léon Daudet, *Alphonse Daudet*, Paris, Bibliothèque Charpentier, 1898.

Rivarol, Chamfort, Vauvenargues, *L'art de l'insolence*, Paris, Robert Laffont, 2016.

Édouard Drumont, *Mon vieux Paris*, G. Paris, Charpentier éditeur, 1879.

Nicolas Chaudun, *Le Brasier*, Arles, Actes Sud, 2015.

Eugène Vermersch, *Les Incendiaires*, Paris, Les Temps Nouveaux, 1910.

Horace de Viel Castel, *Mémoires sur le règne de Napoléon III*, Paris, Robert Laffont, 2005.

Paul d'Ariste et Maurice Arrivetz, *Les Champs-Élysées – Étude topographique, historique et anecdotique jusqu'à nos jours*, Paris, Émile Paul, Éditeur, 1913.

Nestor Roqueplan, *Parisine*, Paris, J. Hetzel et Cie, Éditeurs, 1869

François Hartog, Chronos – *L'Occident aux prises avec le Temps*, Paris, Gallimard, 2020.

Hurtaut et Magny, *Dictionnaire historique de la ville de Paris et de ses environs*, Paris, chez Moutard, Imprimeur-Libraire de la Reine, 1779.

Émile Zola, *Documents littéraires*, Paris, Charpentier éditeur, 1926.

Paul Valéry, *Regards sur le monde actuel et autres essais*, Paris, Gallimard 1945.

Henri Calet, *Les grandes largeurs*, Paris, Gallimard, 1951.

Benjamin FONDANE, *Le Mal des fantômes*, Paris, Verdier, 2006.

ABBÉ MUGNIER, *Journal (1879-1939)*, Paris, Mercure de France, 1985.

George CAIN, *Coins de Paris*, Ernest Flammarion, Éditeur, 1910.

Index des noms propres

C

D

M

Indes des lieux

C

N

O

T

Table des matières

Remerciement

Merci

À Jean-François Colosimo, qui m'a une nouvelle fois dit « oui ».

À Arthur Chevallier, qui m'a lancé « Paris brûle ! »

À Anne Muray et Georges Liebert, qui m'ont ouvert leurs paisibles retraites.

À Marie-Hélène Orban, toujours présente.

Imprimé en France

Composition : Soft Office

N° d'imprimeur : 106114
Achevé d'imprimer par Laballery en juin 2021
Dépôt légal : août 2021